商用
OK!

リアルクローズのコーディネートが楽しめる

22cmドールサイズの着せかえ服

けーことん 山本清野

JN013745

CONTENTS

TOWN WEAR

P.4

O-3 チェスターコート
〈ロング丈〉
T-7 Vネックブラウス
B-5 クロップドパンツ

P.5

T-6 フレアスリーブブラウス
B-5 クロップドパンツ

P.6

T-3 タートルネックカットソー
〈ノースリーブ〉
B-1 フレアスカート

P.7

H-2 カシュクール
ワンピース

P.8

T-9 リボンタイつきシャツ
B-1 フレアスカート
A-3 ソックス

P.9

T-4 スモックチュニック
B-4 スリムパンツ

P.10

T-5 ふんわり袖ブラウス
B-2 直線ギャザースカート

P.11

T-4 スモックワンピース

CASUAL WEAR

P.12

T-6 フレアスリーブブラウス
H-1 サロペット〈ロータイプ〉

P.13

T-1 長袖カットソー
H-1 サロペット〈ハイタイプ〉

P.14

T-8 フレンチスリーブ
チュニック
B-3 ロールアップ
デニムパンツ

P.15

T-11 かぶりパーカ
B-3 デニムパンツ

P.16

T-5 ふんわり袖ワンピース

HOME & RELAXING WEAR

P.17

O-4 Gジャン
T-8 フレンチスリーブ Tシャツ
B-7 ティアードスカート

P.18

T-2 半袖 Tシャツ
B-3 ロールアップ
デニムパンツ

P.19

H-3 フリルパジャマ

P.20

T-8 フレンチスリーブ Tシャツ
B-5 ショートパンツ
O-2 前あきパーカ

P.21

O-2 フードカーディガン
T-8 フレンチスリーブ
チュニック
B-6 スキニーニットパンツ

ARRANGE TOPS & BOTTOMS

P.22

T-10 ラグラントレーナー

T-3 タートルネック
カットソー
〈長袖〉
〈ノースリーブ〉

T-7 Vネックブラウス
Vネックカットソー

P.23

T-4 スモックワンピース
スモックブラウス
スモックチュニック

T-6 フレアスリーブ
ワンピース
フレアスリーブ
ブラウス

OUTERWEAR

P.24

B-5 ワイドパンツ
クロップドパンツ
ショートパンツ

B-8 プリーツスカート
〈セミロング〉
〈ミディアム〉〈ミニ〉

B-4 スリムパンツ
B-3 デニムパンツ

P.25

O-3 チェスターコート
〈ミディアム丈〉

O-5 Aラインコート

O-1 カーディガン

CEREMONY STYLE

P.26

S-1 キャンディスリーブ
ドレス

P.27

S-2 ビスチェドレス

KIMONO STYLE

P.28

S-3 着物

P.29

S-3 浴衣

ACCESSORY

P.5・6・9・14

A-1 チェーンバッグ〈S〉〈M〉

P.12・13

A-2 バイカラートートバッグ

P.30 ドール服作りを始める前に

必要な用具とあると便利な用具
ドール服に向く生地と
ミシン糸・針について
ドール服ならではの資材
デザインが広がる資材

P.31 作品の作り方

型紙に使われている主な線と記号
型紙の見方
縫い方のポイント

TOWN WEAR

オフィスコーデや休日のお出かけスタイルなど
旬なデザインを取り入れたアイテムたちは
着せて楽しく、着映えもバツグンです。

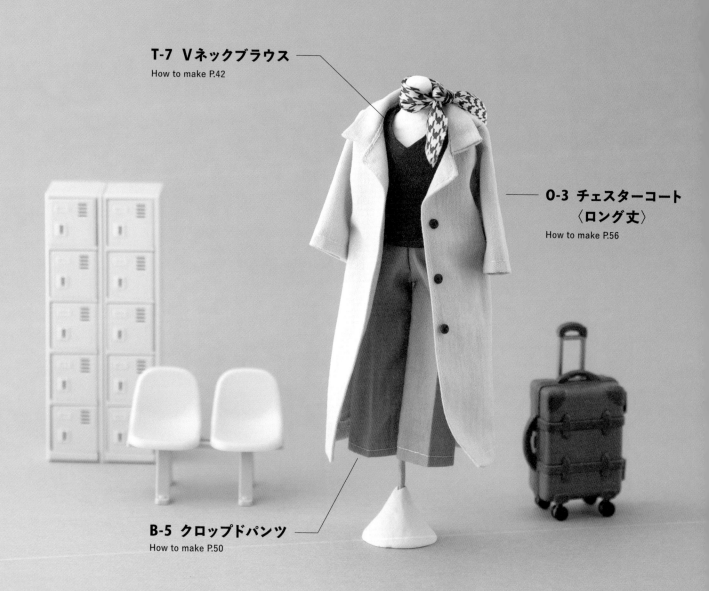

T-7 Vネックブラウス
How to make P.42

**O-3 チェスターコート
〈ロング丈〉**
How to make P.56

B-5 クロップドパンツ
How to make P.50

センタープレスのパンツにかっちりコートを合わせたコンサバスタイル。パンツは脇はぎがなく、パーツ2枚で作れます。ブラウスはノースリーブで、重ね着してもかさばらずインナーとして活躍。コーデの完成度が高まるコートはちょっと難しいけれど、ドール服作りに慣れたらぜひトライしてみて。

T-6 フレアスリーブブラウス
How to make P.40

A-1 チェーンバッグ〈S〉
How to make P.69

B-5 クロップドパンツ
How to make P.50

おしゃれなブラウスにハンサムパンツを合わせたきれいめコーデ。ブラウスは身頃から袖までぐるりとギャザーを寄せますが、身頃部分は少し細かく寄せるときれいに仕上がります。合わせたパンツは4ページの色違い。アクセントに添えたバッグは、折り紙の要領で底や脇を折って作ります。

5

T-3　タートルネックカットソー
〈ノースリーブ〉
How to make P.35

A-1　チェーンバッグ〈S〉
How to make P.69

B-1　フレアスカート
How to make P.48

たっぷりとしたフレアスカートには、コンパクトな
ノースリーブカットソーが好相性。ニット地なので、
えりつけの際は少し引っ張りながら縫うのがコツで
す。スカートはボリュームがあるぶん裾のステッチ
が目立つので、アイロンをしっかり当てて表側から
ミシンをかけると、ワンランクアップの仕上がりに。

H-2 カシュクールワンピース
How to make P.64

エレガントなワンピースは、写真のようにぱっと目を引く鮮やかな色はもちろん、シックな色や柄物の生地で作っても違った雰囲気が楽しめそう。身頃にはダーツを入れてすっきりとさせ、切り替えたスカートにはギャザーを寄せて華やかさを出したこだわりのデザインです。

T-9 リボンタイつきシャツ
How to make P.44

B-1 フレアスカート
How to make P.48

A-3 ソックス
How to make P.69

キュートなトラッドスタイルは、本格的なシャツに
注目。前中心を折りたたむようにして前立てを作り、
ドール用の小さなボタンをプラス。フレアスカート
は6ページと同じパターンを使い、爽やかなブルー
で仕立てました。ニット地を二つ折りにして縫うだ
けのソックスもぜひ一緒に作ってみて。

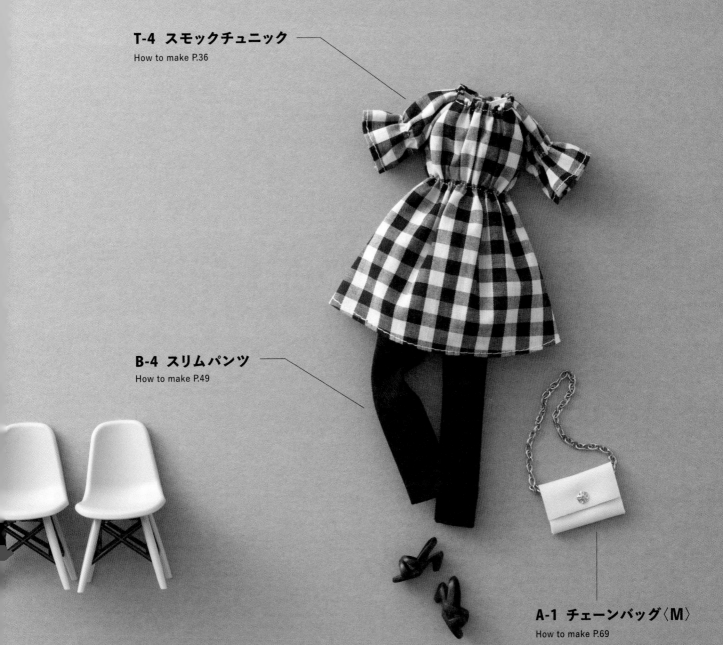

T-4 スモックチュニック
How to make P.36

B-4 スリムパンツ
How to make P.49

A-1 チェーンバッグ〈M〉
How to make P.69

流行りのバルーン袖のチュニックに、スリムパンツ
を合わせたモノトーンコーデ。チュニックは、えり
ぐりや袖、ウエストにゴムテープを縫いつけて作り
ます。つけ方のコツをポイント図で解説しているか
ら、ぜひチェックを！ バッグはチェーンの長さを
変えればハンドバッグにもアレンジできます。

T-5 ふんわり袖ブラウス
How to make P.38

B-2 直線ギャザースカート
How to make P.48

エレガントなブラウスとギャザーたっぷりのスカートの組み合わせ。スカートは型紙いらずで、手軽に作れるデザインです。トップ、ボトムともにギャザーがポイントなので、ギャザーが寄せやすい薄地の生地で仕立てましょう。

T-4 スモックワンピース

How to make P.36

9ページのスモックチュニックの丈を伸ばして、ワンピースにアレンジ。生地もシックなネイビー×小さな白ドット柄に変え、ちょっぴりフェミニンな印象に仕上げました。柄物の生地を使うときは、ドール服のサイズに合わせて小さめを選んで。

CASUAL WEAR

デイリーな着こなしが楽しめる
デニムパンツやカットソーなど、
身近でリアルなアイテムたちが勢ぞろい！

T-6 フレアスリーブブラウス
How to make P.40

H-1 サロペット〈ロータイプ〉
How to make P.62

A-2 バイカラートートバッグ
How to make P.68

サロペットの中でも旬なロータイプ。13ページ
で紹介のハイタイプの後ろパンツ型紙だけで作る
アイデア作品です。インナーに5ページのブラウ
スの生地違いを合わせれば、おしゃれ度満点！
カジュアルの定番、バイカラーのトートは、肩に
かけられる持ち手の長さにしています。

T-1 長袖カットソー
How to make P.33

H-1 サロペット〈ハイタイプ〉
How to make P.62

A-2 バイカラートートバッグ
How to make P.68

ベーシックなハイタイプのサロペット。デニムカラーで作るのはもちろん、写真のようなホワイトカラーなら大人っぽい仕上がりに。インナーのボーダーカットソーとも相性バツグン！ トートは12ページの色違いですが、ワンポイントに市販のアイロン転写シートで飾り文字をあしらいました。

T-8 フレンチスリーブチュニック
How to make P.43

A-1 チェーンバッグ〈S〉
How to make P.69

B-3 ロールアップデニムパンツ
How to make P.49

チュニック×デニムのラフなお出かけスタイル。袖
つけいらずのフレンチスリーブは、初めてでも作り
やすいのでおすすめです。コーデの幅が広がるロー
ルアップのデニムパンツは、裾を平らな状態で折り
上げて仕立てるので思いのほか簡単。なるべく薄手
のデニムで作るようにしましょう。

T-11 かぶりパーカ
How to make P.47

B-3 デニムパンツ
How to make P.49

アウトドアスタイルも楽しめるパーカは、ドール服で
はめずらしい、かぶって着せるデザイン。写真のように
アイロン転写シートでワンポイントを効かせると、
リアル感もアップ！ 14ページのロールアップと同じ
パターンで作れるデニムパンツは、ステッチの色をベ
ージュか黄色にすると本格的に仕上がります。

T-5 ふんわり袖ワンピース
How to make P.39

How to make P.39

ノスタルジックな雰囲気のワンピースは、10
ページのブラウスのアレンジ。身頃にゴムテー
プを縫いつけて絞り、ギャザーを寄せた長方形
のスカート布をつけたティアード風です。途中
まで作り方が同じなので、ぜひ両方作ってみて。

O-4 Gジャン
How to make P.58

T-8 フレンチスリーブ Tシャツ
How to make P.43

B-7 ティアードスカート
How to make P.51

トレンドのティアードスカートにGジャンを合わせ
たおしゃれカジュアル。ぐるりとギャザーを寄せるス
カートは、薄手の生地だと扱いやすく、繊細な仕上が
りに。ディテールに凝ったGジャンは、ポケットが
キモ。アイロンの先を使ってしっかり形づけましょう。

HOME & RELAXING WEAR

着映えのするおしゃれ着も素敵ですが、
ワンマイルウエアやルームウエアまでそろえたら
シチュエーションが広がって着せかえがより楽しくなります。

T-2 半袖Tシャツ
How to make P.33

B-3 ロールアップデニムパンツ
How to make P.49

Tシャツにデニムのラフなスタイルは、シンプ
ルなぶん素材やあしらいにこだわってみても。
Tシャツはアイロン転写シートでプリントを入
れ、デニムパンツは飾りステッチを効かせると、
本物さながらの見栄えがする仕上がりに。

H-3 フリルパジャマ
How to make P.66

ピンク×白のピンドットの生地を使ってギャ
ザーをたっぷり寄せ、胸のリボンと裾フリル
をトッピング。ちょっぴりドリーミーなテイ
ストのパジャマは、ドール服ならではです。

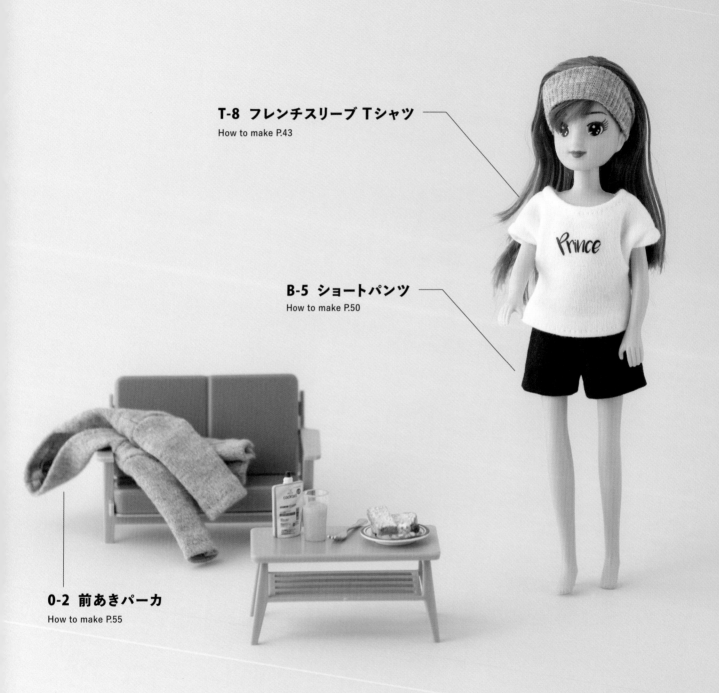

T-8　フレンチスリーブ T シャツ
How to make P.43

B-5　ショートパンツ
How to make P.50

0-2　前あきパーカ
How to make P.55

ラフなスタイルにぴったりのフレンチスリーブ T シャツとパーカ、ショートパンツのルームウエアセット。T シャツは袖つけなしで簡単に作れて、17 ページのように重ね着にも向く万能アイテム。ショートパンツは 4・5 ページのパンツの丈をそのまま短くすれば OK なおすすめパターンです。

O-2 フードカーディガン
How to make P.55

T-8 フレンチスリーブチュニック
How to make P.43

B-6 スキニーニットパンツ
How to make P.51

ちょっとコンビニまで…のワンマイルスタイル。ロング丈
のフードカーディガンは、20ページの前あきパーカのアレ
ンジです。インナーのチュニックは14ページを着心地の
いいニット地で仕立てて。ボトムはニット地特有の伸縮性
を生かして、ゴムテープも面テープもつけずに作ります。

ARRANGE TOPS & BOTTOMS

同じパターンでも、生地を変えたり丈を伸ばしたり、
袖のあり・なしでも雰囲気がガラリと変わります。
そのほんの一例をご紹介。ぜひ自分なりのアレンジを楽しんでみて。

T-10 ラグラントレーナー
How to make P.46

えりや袖口、裾を切り替えたリアルな
トレーナー。ニット地ですが思いのほ
か縫いやすく、アイロン転写プリント
のあしらいも生きるアイテムです。

T-3 タートルネックカットソー
How to make P.35

シャープな印象の黒×ノース
リーブは、オフ×長袖に変え
るだけでやさしい印象に様変
わり。同じ型紙で２つのテイ
ストが楽しめます。

〈ノースリーブ〉

〈長袖〉

T-7 Vネックブラウス・
　　 Vネックカットソー
How to make P.42

シンプルで合わせやすく、ノースリー
ブなので重ね着しても袖ぐりがゴロつ
かずにインナーとして活躍。色や素材
違いでそろえておくと便利です。

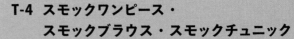

T-4 スモックワンピース・
スモックブラウス・スモックチュニック

How to make P.36

流行を取り入れたギャザーたっぷりの愛らしいデザイン。丈
が長いチュニックやワンピースはウエストを絞ってスタイル
よく、ブラウスは裾にレースのアクセントを添えて。

T-6 フレアスリーブワンピース・
フレアスリーブブラウス

How to make P.40・41

動きのある軽やかな袖が印象的なブラウス。コーデに
合わせて無地や花柄などの生地違いで作るのはもちろ
ん、裾にスカート布をつけたワンピースもいい感じ。

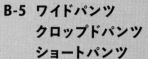

B-5 ワイドパンツ
クロップドパンツ
ショートパンツ

How to make P.50

同じパターンでも丈を変えるだけで、
バリエーションが豊富に。きちんと感
が出るセンタープレスもおすすめ。

〈セミロング〉

〈ミディアム〉

〈ミニ〉

B-8 プリーツスカート

How to make P.53

アイビールックやスクールガールスタ
イルに活躍しそう。アイロンでしっか
りクセづけして仕上げます。

B-3 デニムパンツ
B-4 スリムパンツ

How to make P.49

異なるデザインですが、基本は同じパ
ターン。デニムパンツはポケット部分
を切り替えてステッチを効かせます。

OUTERWEAR

デザインによってはちょっぴり難易度が高いけれど、
季節感が楽しめてコーディネートの幅も広がる
アウターにもぜひ挑戦してみて。

O-5 Aラインコート
How to make P.60

スタイルよく見えるAラインをドール服
にも取り入れて。生地は縫いづらいウー
ルは避けつつ、雰囲気が出るものが◎。
えりはほつれず扱いやすいフリースです。

O-3 チェスターコート〈ミディアム丈〉
How to make P.56

旬なデザインのコートは、えり先などの
角をきれいに出すのが仕立てのコツ。ウ
ールなどは厚く縫いづらいため、シーチ
ングなどのコットン素材で作りましょう。

O-1 カーディガン
How to make P.54

ニット地ならではの、くたっとしたこ
なれた風合いがおしゃれ。お好みでボ
タンをつける場合は、前立ての幅との
バランスを見て大きさを選んで。

CEREMONY STYLE

リアルコーデも楽しいですが、
着飾ってみたくなるのもドール服ならでは。
そんな希望が叶う素敵なドレスです。

S-1 キャンディスリーブドレス

How to make P.70

張りのあるシーチングを使ったドレスは、初心者さ
んでも縫いやすいうえ、ナチュラルな感じが今っぽ
い仕上がり。エレガントな印象の袖とボリュームを
持たせたスカートで、華やかさをプラスしています。

S-2 ビスチェドレス
How to make P.72

サテン生地の光沢が美しい、王道ドレス。身頃にダー
ツを入れてフィット感を出した本格的なデザインで
す。胸元のカーブは必ずできあがり線の印をつけ、て
いねいに縫うときれいなラインが描けます。

KIMONO STYLE

着飾るアイテムの中でも着物は格別。
ぜひ作ってドールに着せて
ハレの日の装いを楽しんで。

生地は扱いやすく縫いやすい薄手のコットン
がおすすめ。手に入りやすい100円均一の和
柄のカットクロスだと、2枚分で作れます。

S-3 着物
How to make P.73

あでやかな着物も手作りできます。一見難しそうです
が、実はほとんどが直線縫いで思いのほかトライしやす
いアイテム。柄はなるべく小さめを選び、バランス
よく配置されているか確認してから裁ちましょう。

S-3 浴衣
How to make P.73

着物と同じパターンを使って浴衣も作れます。し
かも、着物と比べて半えりがつかないので手軽。
帯をしっかりさせたい場合は、カットしたクリア
ファイルを入れ込むと張りが出てきれいです。

ドール服作りを始める前に

ドール服作りが初めての人に向けて、用具や生地、資材について紹介します。

＊用具はすべてクロバー

■ 必要な用具とあると便利な用具

小さなドール服用に特別なものを用意しなくてもOK。
まずは手持ちの用具を使って、気軽に作り始めましょう。

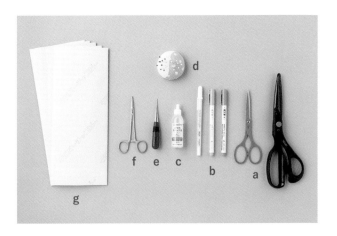

a. 布切りバサミ

生地を裁つための専用のハサミ。小ぶりでなくても使い慣れたもので
OK。切れ味のいいものを選んで。

b. チャコペン

生地への印つけに。パーツが小さいドー
ル服には細や極細が向き、印が水で消え
たり時間がたつと消えるタイプがおすす
め。濃い色の生地にはアイロンの熱や水
で消えるホワイトマーカーが便利です。

c. ほつれストップ液

ドール服は基本的に縁かがりミシンなどの布端処理はしません。ほつれが
気になる場合は布端にほつれ止めの液を塗ると安心です。

d. まち針

布に型紙をとめたり、縫い合わせる前のパーツ同士の固定に用います。手
に入りやすい普通地用でOK。

e. 目打ち

縫い目をほどいたり、裾などの角を出すのに使うのはもちろん、ミシンが
けの布送りにも活躍します。

f. 手芸用かんし

指が入らないような小さなパーツを引き
出したり、返すのに便利。布端を挟んだ
状態でロックできて外れる心配もなく、
作業もスムーズ。

g. チャコペーパー

シートタイプの複写紙で、型紙を布に写す際にあると便利。あればルレッ
トや、インクの出ないボールペンなどと合わせて使います。

■ ドール服に向く生地とミシン糸・針について

生地

薄地の布

スムースニット

縫いやすいブロードやシーチング、ローンなど
の薄地が向きます。厚地は縫いづらく、目の粗
い生地はほつれてくるので不向きです。柄入り
の生地を使う場合は、柄の大きさに注意しましょ
う。カットソーなどに用いるニット地は、作
品と同じスムースニットを選んで。ニット地で
も違う生地だと伸縮性が異なるため、パーツ同
士がうまく縫い合わせられない恐れがあります。

※濃い色の生地の場合、着用時にドールの肌に色が
移る可能性もあります。作る前に生地を水に浸す「水
通し」を行ったり、長時間の着用は避けましょう。

ミシン糸・針

掲載の作品はすべてミシンで仕立てています。生地に合わせて薄地用の糸
と針を選ぶのがベストですが、なければ普通地用でも。ニット地の場合も
ニット地用の糸と針がありますが、縫う距離が短く、着用時に激しく動く
ことがないドール服なら普通地用でも大丈夫です。

薄地用　普通地用　ニット用　薄い生地用　普通生地用　普通の厚さの
90番　60番　50番　9号　11号　ニット地用11号

■ ドール服ならではの資材

面ファスナー

ドール服は基本的に後ろあきで、面ファスナ
ーを縫いつけてとめます。プレーンなタイプ
はやや硬めのため、薄地で作るドール服用に
は薄くてかさばらず、生地になじみやすいソ
フトタイプがおすすめです。作り方ではザラ
ザラした硬いほうを凸面、ふわふわした柔ら
かいほうを凹面と表示しています。

面ファスナー ソフトタイプ
〈白〉・〈黒〉／クロバー

■ デザインが広がる資材

ボタン・レース

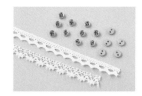

本格的な見た目になるボタンやアクセン
トになるレース。最近では小さなドール
服用のものが手芸店や一部の100円均一
のお店でも取り扱われています。

アイロン転写シート

つけたい柄を切り取って生地に重
ね、アイロンを当てて接着できる
シート。写真はラバーシートタイ
プで、100円均一で手に入ります。
既製服のようなワンポイントが手
軽につけられるのでおすすめです。

HOW TO MAKE
作品の作り方

作り方に関するおことわり

●図中の数字の単位は㎝です。

●生地の用尺や資材の長さは多めに表示しています。

●作品に使用しているゴムテープはすべて4コール（約0.3〜0.4㎝幅）です。

●長方形など、直線のみのパーツは型紙がありません。

　各作品の作り方ページに表示している寸法図を参照して

　ご自身で型紙を作るか、生地に直接線を引いて裁断してください。

●生地はあらかじめすべての型紙を配置し、確認してから裁断してください。

●作り方の工程等で表示している以外にも中心の印をつけておくと、

　パーツ同士を縫い合わせる際に作業がしやすくなります。

●型紙に使われている主な線と記号

縫い代線 ———————
型紙のいちばん外側にある布を裁つ線

できあがり線 ----------
作品の最終的な仕上がり線

わ線 —─—─—─—
わに裁つ線

布目線

布のみみを左右に置いたときの縦方向が布目。生地の布目と型紙の布目をそろえる。
バイアス

合い印

合い印
布を合わせるときに、ずれないようにするためのガイドの印。型紙や生地に必ず写しておく。

突き合わせ

幅の広いパーツは分割して型紙を掲載。これらのマークをつなげて1つの型紙にし、裁つ。

ダーツ

自然な立体感を出すために布に施す"つまみ"のこと。縫い方は作り方ページ参照。

●型紙の見方

型紙は、前身頃・後ろ身頃や丈違いが同じ型紙になっている作品もあります。下記を参考に型紙を写し取ったり、生地に印をつけて裁断してください。

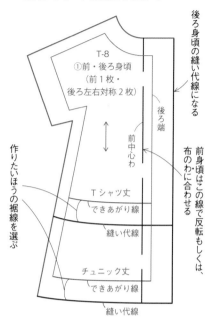

後ろ身頃の縫い代線になる

T-8
①前・後ろ身頃
（前1枚・後ろ左右対称2枚）

後ろ端
前中心わ

前身頃はこの線で反転もしくは、布のわに合わせる

作りたいほうの裾線を選ぶ

Tシャツ丈
できあがり線
縫い代線

チュニック丈
できあがり線
縫い代線

●縫い方のポイント

布を巻き込みづらい、スムーズな縫い始め・縫い終わり方

縫い始め
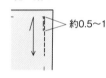
約0.5〜1
布端の約0.5〜1cm手前に針を落とし、返し縫いで縫い始める。

縫い終わり

約0.5〜1
布端の約0.5〜1cm手前で返し縫いをし、端まで進んで縫い終わる。

細いパーツ

肩ひもや持ち手などの細いパーツの場合も左記と同様に縫うといい。

ギャザーミシンのかけ方

★袖で解説。ほかの場合も同じ要領。

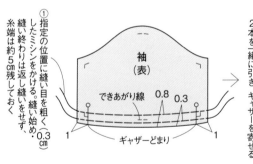

① 指定の位置に縫い目を粗くしたミシンをかける。縫い始め・縫い終わりは返し縫いをせず、糸端は約5cm残しておく

袖（表）
できあがり線　0.8　0.3
0.3cm
1　ギャザーどまり　1

② つけ寸法（図は袖口布の長辺）の長さまで、上糸もしくは下糸の2本を一緒に引き、ギャザーを寄せる

袖（表）
袖口布（裏）
ギャザーどまりの印が図にある場合は印から印まで、ない場合はできあがりまで寄せる

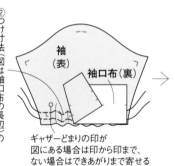

③ 袖口布をつけたら見えているほうのギャザーミシンをほどく

④ 隠れたほうの布端に合わせて糸端をカットする

袖（表）
ギャザーミシンは袖口布（表）

ゴムテープのつけ方

① ゴムテープを指定の寸法よりも少し長めに用意し、作り方に表示されている寸法の位置に印をつける（「5cm分をつける」とある場合は端から5cmの位置）

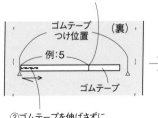

ゴムテープつけ位置（裏）
例：5
ゴムテープ

② ゴムテープを伸ばさずに約1cm返し縫いで縫う

③ つけ位置よりも約1.5cm印の位置が長くなるようにゴムテープを伸ばす

（裏）
約1.5
約1
①の印

④ 伸ばした状態でゴムテープつけ位置の約1cm手前まで縫う

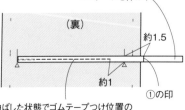

⑤ ゴムテープの引っぱりをゆるめ、印の位置をゴムテープつけ位置に合わせる

（裏）

⑥ 残り約1cmを返し縫いで縫う

⑦ ゴムテープの余分をカットする

◇材料〈T-1〉
　布…スムースニット　横40×縦10cm
　面ファスナー…幅0.8×5cm

◇材料〈T-2〉
　布…スムースニット　横30×縦10cm
　面ファスナー…幅0.8×5cm

◇必要なパーツ（型紙P.76）
〈T-1 長袖カットソー〉
　T-1・T-2①前身頃…1枚
　T-1・T-2①後ろ身頃…左右対称2枚
　T-1・T-3②袖…左右対称2枚

〈T-2 半袖Tシャツ〉
　T-1・T-2①前身頃…1枚
　T-1・T-2①後ろ身頃…左右対称2枚
　T-2②袖…左右対称2枚

★作り方はT-1で解説。
T-2も同様に作る。

2. えりぐりを縫う

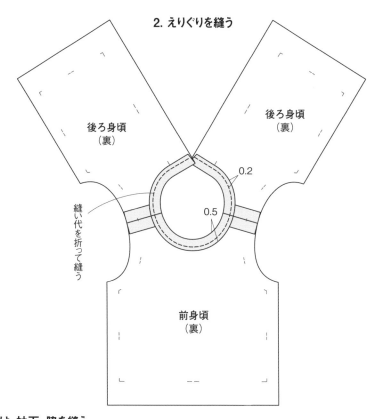

後ろ身頃（裏）
後ろ身頃（裏）
0.2
0.5
縫い代を折って縫う
前身頃（裏）

1. 肩を縫う

①後ろ、前身頃を中表に合わせて肩を縫う
②縫い代を割る
0.5
前身頃（表）
後ろ身頃（裏）
後ろ身頃（裏）

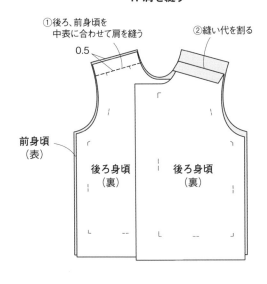

3. 袖をつけ、袖下・脇を縫う

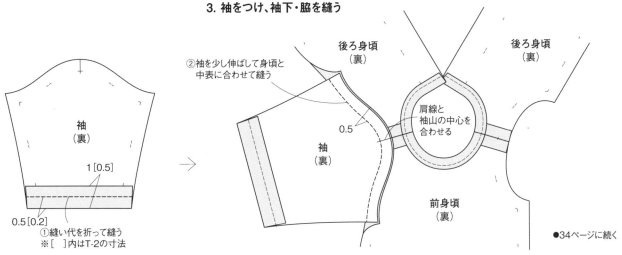

②袖を少し伸ばして身頃と中表に合わせて縫う

後ろ身頃（裏）
後ろ身頃（裏）
袖（裏）
0.5
袖（裏）
肩線と袖山の中心を合わせる
前身頃（裏）

1[0.5]
0.5[0.2]
①縫い代を折って縫う
※[ ]内はT-2の寸法

●34ページに続く

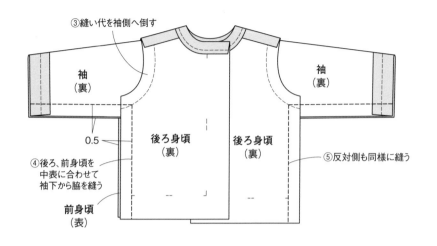

③縫い代を袖側へ倒す

袖
(裏)

袖
(裏)

後ろ身頃
(裏)

後ろ身頃
(裏)

0.5

④後ろ、前身頃を
中表に合わせて
袖下から脇を縫う

⑤反対側も同様に縫う

前身頃
(表)

4. 裾・後ろ端を縫う

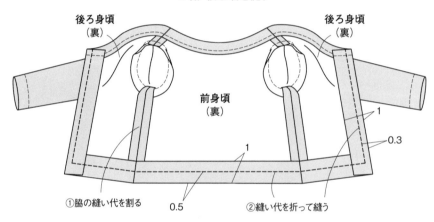

後ろ身頃
(裏)

後ろ身頃
(裏)

前身頃
(裏)

①脇の縫い代を割る

②縫い代を折って縫う

0.5

1

1

0.3

できあがり

5. 面ファスナーをつける

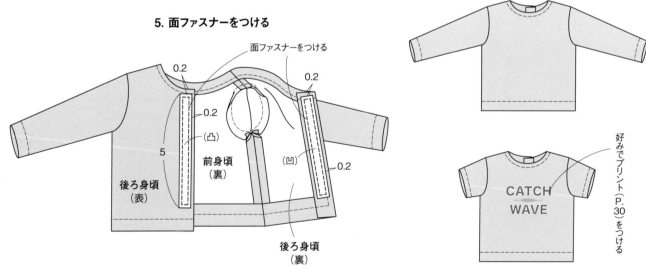

面ファスナーをつける

0.2

0.2

0.2

5

(凸)

(凹)

0.2

前身頃
(裏)

後ろ身頃
(表)

後ろ身頃
(裏)

CATCH
WAVE

好みでプリント(P.30)をつける

【難易度】★★★☆☆

◇材料〈ノースリーブ〉
　布…スムースニット　横35×縦10cm
　面ファスナー…幅0.8×5cm

◇材料〈長袖〉
　布…スムースニット　横45×縦10cm
　面ファスナー…幅0.8×5cm

【寸法図（ノースリーブ・長袖共通）】

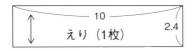
えり（1枚）　10　2.4

◇必要なパーツ（型紙P.76）
＊えりの型紙はありません。
　記載の寸法図（縫い代込み）で裁ってください。
〈ノースリーブ〉
T-3①前身頃…1枚
T-3①後ろ身頃…左右対称2枚
えり…1枚（左記の寸法図参照）

〈長袖〉
T-3①前身頃…1枚
T-3①後ろ身頃…左右対称2枚
T-1・T-3②袖…左右対称2枚
えり…1枚（左記の寸法図参照）

1. 肩を縫う

①後ろ、前身頃を
中表に合わせて肩を縫う
②縫い代を割る
0.5
前身頃（表）
後ろ身頃（裏）
後ろ身頃（裏）

3. 長袖→袖をつけ、袖下・脇を縫う（P.33の3を参照）
ノースリーブ→袖ぐり・脇を縫う

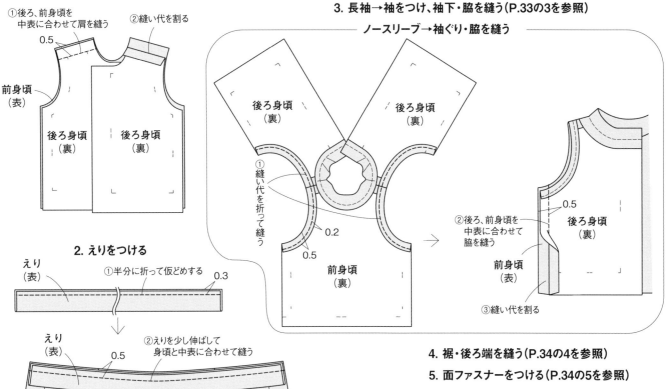

後ろ身頃（裏）
後ろ身頃（裏）
①縫い代を折って縫う
0.2
0.5
前身頃（裏）

②後ろ、前身頃を
中表に合わせて
脇を縫う
0.5
後ろ身頃（裏）
前身頃（表）
③縫い代を割る

2. えりをつける

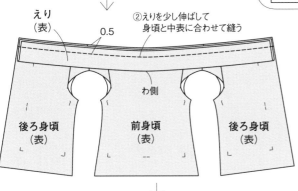

えり（表）
①半分に折って仮どめする　0.3

えり（表）
0.5
②えりを少し伸ばして
身頃と中表に合わせて縫う
わ側

後ろ身頃（表）
前身頃（表）
後ろ身頃（表）

えり（表）
③えりを起こす

後ろ身頃（表）
前身頃（表）
後ろ身頃（表）

4. 裾・後ろ端を縫う（P.34の4を参照）

5. 面ファスナーをつける（P.34の5を参照）

できあがり

◇材料〈ブラウス〉
布…綿　横45cm×縦15cm
面ファスナー…幅0.8×5cm
ゴムテープ（4コール）…25cm
1.2cm幅レース…25cm

◇材料〈チュニック〉
布…綿　横45cm×縦15cm
面ファスナー…幅0.8×8cm
ゴムテープ（4コール）…35cm

◇材料〈ワンピース〉
布…綿　横45cm×縦20cm
面ファスナー…幅0.8×8cm
ゴムテープ（4コール）…35cm

◇必要なパーツ（型紙P.77）
〈共通〉
T-4①前身頃…1枚
T-4①後ろ身頃…左右対称2枚
T-4②袖…左右対称2枚

1. 袖をつける

2. 衿ぐりを縫う

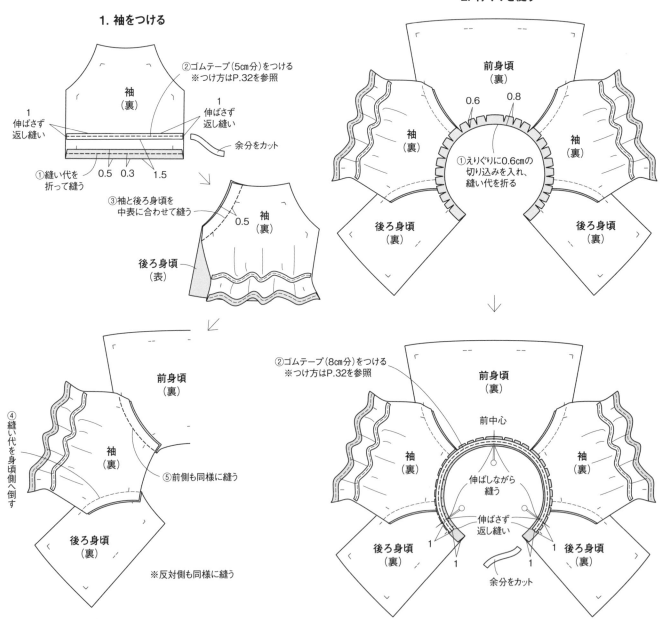

②ゴムテープ（5cm分）をつける
※つけ方はP.32を参照

1
伸ばさず
返し縫い

余分をカット

1
伸ばさず
返し縫い

①縫い代を折って縫う
0.5　0.3　1.5

③袖と後ろ身頃を中表に合わせて縫う

0.5
袖（裏）

後ろ身頃（表）

前身頃（裏）

④縫い代を身頃側へ倒す

袖（裏）

⑤前側も同様に縫う

後ろ身頃（裏）

※反対側も同様に縫う

前身頃（裏）

0.6　0.8

袖（裏）　　袖（裏）

①えりぐりに0.6cmの切り込みを入れ、縫い代を折る

後ろ身頃（裏）　　後ろ身頃（裏）

②ゴムテープ（8cm分）をつける
※つけ方はP.32を参照

前身頃（裏）

前中心

袖（裏）　　袖（裏）

伸ばしながら縫う

伸ばさず
返し縫い

後ろ身頃（裏）　　後ろ身頃（裏）
1　　1　　1　　1

余分をカット

3. 袖下・脇を縫う

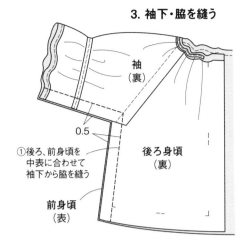

袖
(裏)

0.5

①後ろ、前身頃を
中表に合わせて
袖下から脇を縫う

前身頃
(表)

後ろ身頃
(裏)

※反対側も同様に縫う

4. 裾・後ろ端を縫う

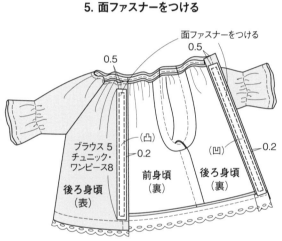

1

0.3

後ろ身頃
(裏)

前身頃
(裏)

後ろ身頃
(裏)

1

0.3

0.8　0.4

①袖下から脇の縫い代を
後ろ身頃側へ倒す

②縫い代を折って縫う

ブラウスの場合

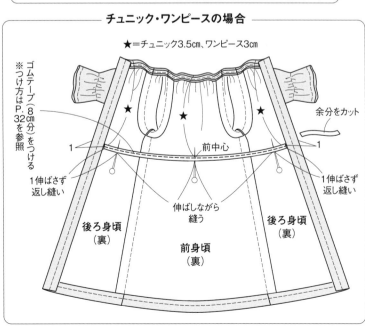

後ろ身頃
(表)

前身頃
(裏)

後ろ身頃
(裏)

1

a.レースの端を折る

b.裾にレースを重ね、
縫い目の上を縫う

5. 面ファスナーをつける

面ファスナーをつける

0.5　0.5

ブラウス5
チュニック・
ワンピース8

0.2

(凸)

(凹)

0.2

後ろ身頃
(表)

前身頃
(裏)

後ろ身頃
(裏)

チュニック・ワンピースの場合

★=チュニック3.5㎝、ワンピース3㎝

ゴムテープ（8㎝分）をつける
※つけ方はP.32を参照

1

1伸ばさず
返し縫い

★　★　★

前中心

余分をカット

1

1伸ばさず
返し縫い

伸ばしながら
縫う

後ろ身頃
(裏)

前身頃
(裏)

後ろ身頃
(裏)

できあがり

◇**材料**
布…綿　横20×縦20cm
面ファスナー…幅0.8×4cm

【寸法図】

4.5	
袖口布（2枚）	2.3

◇**必要なパーツ**（型紙P.76）
＊袖口布の型紙はありません。
　記載の寸法図（縫い代込み）で裁ってください。
　T-5①前身頃…1枚
　T-5①後ろ身頃…左右対称2枚
　T-5②袖…左右対称2枚
　袖口布…2枚（左記の寸法図参照）

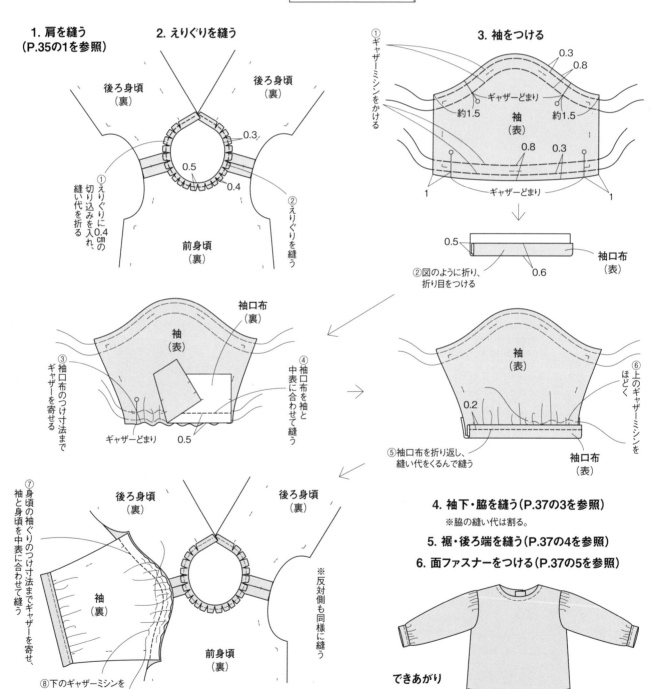

1. 肩を縫う
（P.35の1を参照）

後ろ身頃（裏）　後ろ身頃（裏）
①えりぐりに0.4cmの切り込みを入れ、縫い代を折る
前身頃（裏）

2. えりぐりを縫う

0.3
0.5
0.4
②えりぐりを縫う

3. 袖をつける

①ギャザーミシンをかける
0.3　0.8
ギャザーどまり
約1.5　約1.5
袖（表）
0.8　0.3
1　ギャザーどまり　1

0.5
0.6
②図のように折り、折り目をつける
袖口布（表）

袖口布（裏）
袖（表）
③袖口布のつけ寸法までギャザーを寄せる
ギャザーどまり　0.5
④袖口布を袖と中表に合わせて縫う

袖（表）
0.2
⑤袖口布を折り返し、縫い代をくるんで縫う
袖口布（表）
⑥上のギャザーミシンをほどく

4. 袖下・脇を縫う（P.37の3を参照）
※脇の縫い代は割る。

5. 裾・後ろ端を縫う（P.37の4を参照）

6. 面ファスナーをつける（P.37の5を参照）

⑦身頃の袖ぐりのつけ寸法まで袖と身頃を中表に合わせて縫う
袖（裏）
後ろ身頃（裏）　後ろ身頃（裏）
前身頃（裏）
⑧下のギャザーミシンをほどく
※反対側も同様に縫う

できあがり

★身頃はP.38の「ふんわり袖ブラウス」の
　1～4を参照して縫う

◇材料
布…綿　横40×縦25㎝
面ファスナー…幅0.8×5㎝
ゴムテープ（4コール）…8㎝

【寸法図】

◇必要なパーツ（型紙P.76）
＊袖口布・スカートの型紙はありません。
　記載の寸法図（縫い代込み）で裁ってください。
T-5①前身頃…1枚
T-5①後ろ身頃…左右対称2枚
袖口布…2枚（下記の寸法図参照）
スカート…1枚（左記の寸法図参照）

36
スカート
（1枚）
12

4.5
2.3
袖口布（2枚）

5. スカートを縫う

①ゴムテープ（5㎝分）をつける
※つけ方はP.32を参照

前身頃（裏）
後ろ身頃
余分をカット
2
1伸ばさず返し縫い　1伸ばさず返し縫い
後ろ身頃（裏）

1　0.3　1
ギャザーどまり
②ギャザーミシンをかける
スカート（表）
ギャザーどまり

③身頃のつけ寸法まで
　ギャザーを寄せる
④スカートと身頃を
　中表に合わせて縫う
0.8
後ろ身頃（裏）
前身頃（裏）
後ろ身頃（裏）
スカート（表）

0.2
⑤縫い代を身頃側へ倒し、ステッチをかける
後ろ身頃（表）
⑥下のギャザーミシンをほどく
スカート（表）

前身頃（裏）
8
あきどまり
⑦後ろ端を1㎝ずらして中表に合わせ、縫う
1
1
スカート（裏）

前身頃（裏）
1
⑨あきどまりまで縫う
0.5
0.5
⑧縫い代を割る
スカート（裏）
⑩1㎝折って縫う

0.2
（凹）
⑫面ファスナーをつける
0.2
（凸）
後ろ身頃（裏）
5
後ろ身頃（裏）
⑪縫い代を左側へ倒す
⑬縫い代を折って縫う
スカート（裏）
0.5　1

できあがり

◇材料〈共通〉
布…リネン（ピンク）、綿（白・花柄）
　　各横20×縦20cm
面ファスナー…幅0.8×5cm

【寸法図】

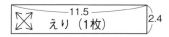

◇必要なパーツ（型紙P.77）
＊えりの型紙はありません。
　記載の寸法図（縫い代込み）で裁ってください。
〈共通〉
T-6①前身頃…1枚
T-6①後ろ身頃…左右対称2枚
T-6②袖…左右対称2枚
えり…1枚（左記の寸法図参照）

1. 袖をつける

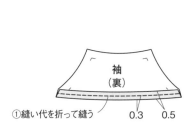

①縫い代を折って縫う　0.3　0.5

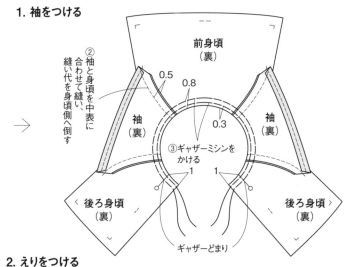

②袖と身頃を中表に合わせて縫い、縫い代を身頃側へ倒す

前身頃（裏）
0.5　0.8
0.3
袖（裏）　　袖（裏）
③ギャザーミシンをかける
後ろ身頃（裏）　　後ろ身頃（裏）
1　1
ギャザーどまり

2. えりをつける

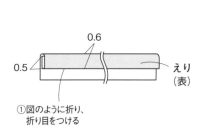

0.6
0.5　　えり（表）
①図のように折り、折り目をつける

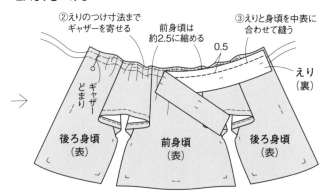

②えりのつけ寸法までギャザーを寄せる
前身頃は約2.5に縮める
③えりと身頃を中表に合わせて縫う
0.5
えり（裏）
ギャザーどまり
後ろ身頃（表）　前身頃（表）　後ろ身頃（表）

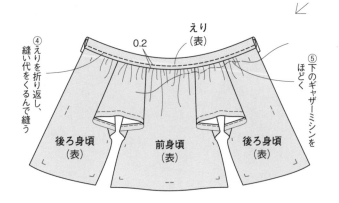

④えりを折り返し、縫い代をくるんで縫う
えり（表）
0.2
⑤下のギャザーミシンをほどく
後ろ身頃（表）　前身頃（表）　後ろ身頃（表）

3. 脇を縫う

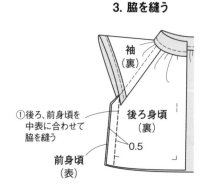

袖（裏）
①後ろ、前身頃を中表に合わせて脇を縫う
後ろ身頃（裏）
0.5
前身頃（表）
※反対側も同様に縫う

4. 裾・後ろ端を縫う

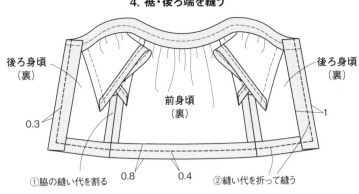

後ろ身頃（裏）

0.3

①脇の縫い代を割る

0.8　0.4

前身頃（裏）

②縫い代を折って縫う

後ろ身頃（裏）

1

5. 面ファスナーをつける

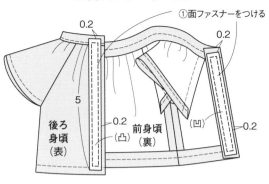

①面ファスナーをつける

0.2　0.2

後ろ身頃（表）　5　0.2　（凸）

前身頃（裏）　（凹）　0.2

できあがり

T-6　フレアスリーブワンピース　Photo…P.23　　　【難易度】★★★★☆

◇材料
　布…リネン　横40×縦25cm
　面ファスナー…幅0.8×5cm

◇必要なパーツ（型紙P.77）
＊えり・スカートの型紙はありません。
　記載の寸法図（縫い代込み）で裁ってください。
　T-6①前身頃…1枚
　T-6①後ろ身頃…左右対称2枚
　T-6②袖…左右対称2枚
　スカート…1枚（下記の寸法図参照）
　えり…1枚（下記の寸法図参照）

【寸法図】

11.5

えり（1枚）　2.4

36

スカート（1枚）　12

1. 袖をつける（P.40の1を参照）

2. えりをつける（P.40の2を参照）

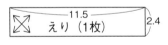

3. 脇を縫う（P.40の3を参照）

4. スカートを縫う（P.39の5.②～⑬を参照）

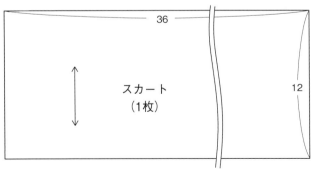

◇材料〈共通〉
　布…綿(赤)、スムースニット(黄色)
　　　各横20×縦10cm
　面ファスナー…幅0.8×5cm

◇必要なパーツ（型紙P.77）
〈共通〉
　T-7①前身頃…1枚
　T-7②後ろ身頃…左右対称2枚

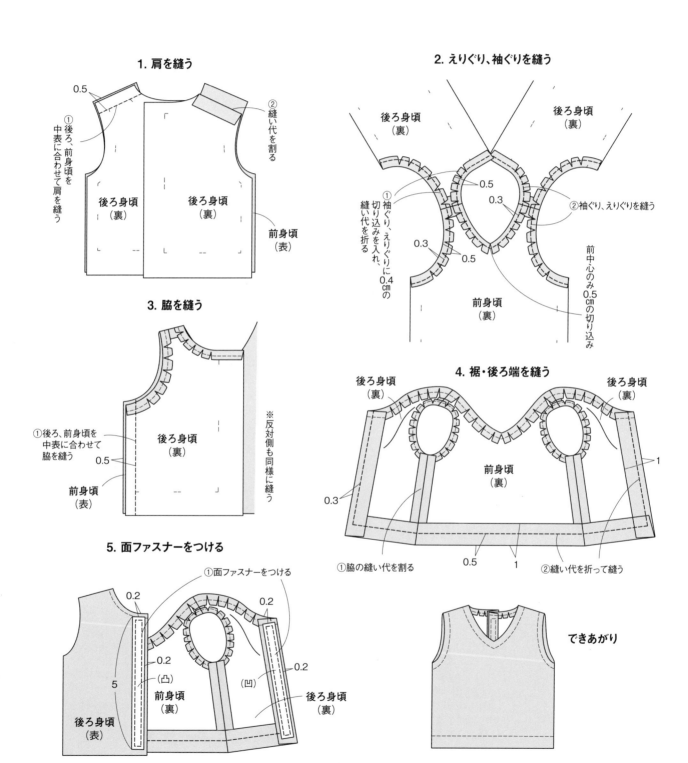

1. 肩を縫う

0.5
①後ろ、前身頃を中表に合わせて肩を縫う
②縫い代を割る
後ろ身頃（裏）
後ろ身頃（裏）
前身頃（表）

2. えりぐり、袖ぐりを縫う

後ろ身頃（裏）
後ろ身頃（裏）
①袖ぐり、えりぐりに切り込みを入れ、0.4cmの縫い代を折る
0.5
0.3
②袖ぐり、えりぐりを縫う
0.3
0.5
前身頃（裏）
前中心のみ0.5cmの切り込み

3. 脇を縫う

①後ろ、前身頃を中表に合わせて脇を縫う
0.5
後ろ身頃（裏）
前身頃（表）
※反対側も同様に縫う

4. 裾・後ろ端を縫う

後ろ身頃（裏）
後ろ身頃（裏）
0.3
前身頃（裏）
1
①脇の縫い代を割る
0.5
1
②縫い代を折って縫う

5. 面ファスナーをつける

①面ファスナーをつける
0.2
0.2
0.2
0.2
5
（凸）
前身頃（裏）
（凹）
後ろ身頃（裏）
後ろ身頃（表）

できあがり

◇材料〈共通〉
布…スムースニット(白Tシャツ・ボーダーチュニック)、
　綿(プリント柄チュニック)　各横30×縦15cm
面ファスナー…幅0.8×5cm

◇必要なパーツ〈共通〉(型紙P.77)
T-8①前身頃…1枚
T-8①後ろ身頃…左右対称2枚

★作り方はTシャツで解説。チュニックも同様に作る。

1. 肩を縫う

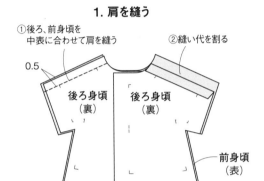

①後ろ、前身頃を
中表に合わせて肩を縫う
②縫い代を割る
0.5
後ろ身頃(裏)
後ろ身頃(裏)
前身頃(表)

2. 袖口、えりぐりを縫う

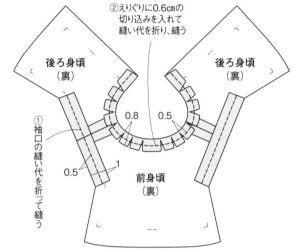

②えりぐりに0.6cmの
切り込みを入れて
縫い代を折り、縫う
後ろ身頃(裏)
後ろ身頃(裏)
①袖口の縫い代を折って縫う
0.8　0.5
0.5　1
前身頃(裏)

3. 脇を縫う

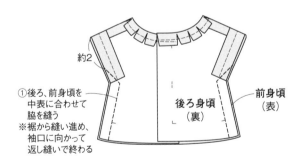

約2
①後ろ、前身頃を
中表に合わせて
脇を縫う
※裾から縫い進め、
袖口に向かって
返し縫いで終わる
後ろ身頃(裏)
前身頃(表)

4. 裾・後ろ端を縫う

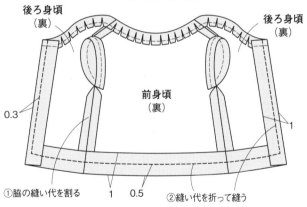

後ろ身頃(裏)
後ろ身頃(裏)
前身頃(裏)
0.3
①脇の縫い代を割る　1　0.5　②縫い代を折って縫う
1

5. 面ファスナーをつける

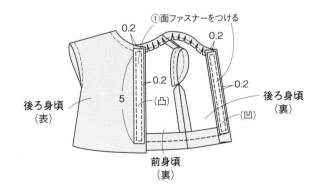

①面ファスナーをつける
0.2　0.2
0.2　0.2
5
(凸)　(凹)
後ろ身頃(表)
後ろ身頃(裏)
前身頃(裏)

できあがり

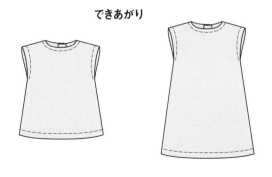

◇材料〈共通〉
　布…綿　横30×縦20cm
　面ファスナー…幅0.8×5cm
　ボタン…0.4cm径を4個
　0.6cm幅サテンリボン…10cm
　0.1cm幅丸ゴムひも…10cm

◇必要なパーツ（型紙P.78）
　T-9①前身頃…1枚
　T-9②後ろ身頃…左右対称2枚
　T-9③袖…左右対称2枚
　T-9④えり…左右対称2枚

1. 前立てを縫う

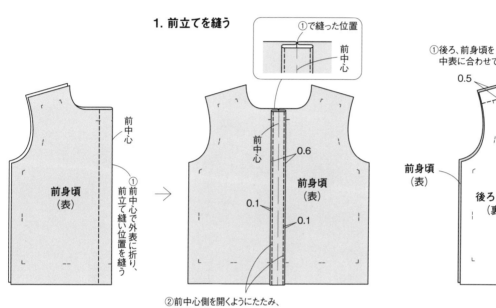

①で縫った位置

前中心

前中心

前中心

0.6

0.1

0.1

前身頃
（表）

前身頃
（表）

①前中心で外表に折り、前立て縫い位置を縫う

②前中心側を開くようにたたみ、両端を縫う

2. 肩を縫う

①後ろ、前身頃を中表に合わせて肩を縫う

②縫い代を割る

0.5

前身頃
（表）

後ろ身頃
（裏）

後ろ身頃
（裏）

3. えりをつける

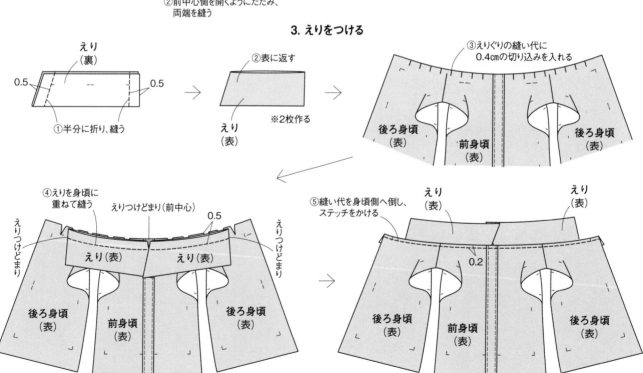

えり
（裏）

0.5　0.5

①半分に折り、縫う

②表に返す

えり
（表）

※2枚作る

③えりぐりの縫い代に0.4cmの切り込みを入れる

後ろ身頃
（表）

前身頃
（表）

後ろ身頃
（表）

④えりを身頃に重ねて縫う

えりつけどまり（前中心）

0.5

えりつけどまり

えりつけどまり

えり（表）　えり（表）

後ろ身頃
（表）

前身頃
（表）

後ろ身頃
（表）

⑤縫い代を身頃側へ倒し、ステッチをかける

えり
（表）

えり
（表）

0.2

後ろ身頃
（表）

前身頃
（表）

後ろ身頃
（表）

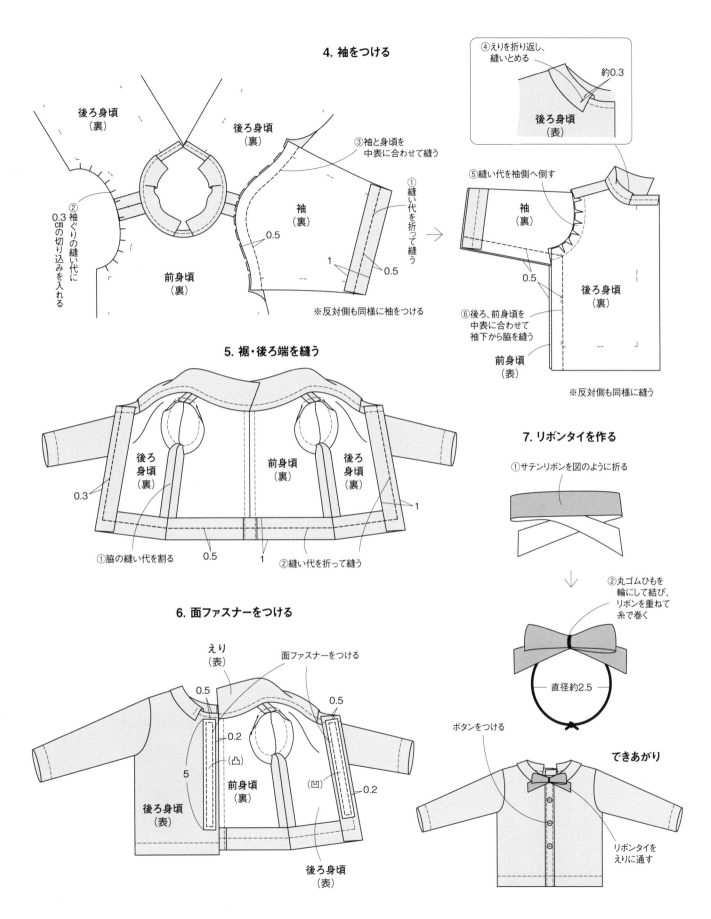

4. 袖をつける

後ろ身頃（裏）

後ろ身頃（裏）

②袖ぐりの縫い代に0.3cmの切り込みを入れる

前身頃（裏）

袖（裏）

0.5

③袖と身頃を中表に合わせて縫う

①縫い代を折って縫う

1

0.5

※反対側も同様に袖をつける

④えりを折り返し、縫いとめる

約0.3

後ろ身頃（表）

⑤縫い代を袖側へ倒す

袖（裏）

0.5

後ろ身頃（裏）

⑥後ろ、前身頃を中表に合わせて袖下から脇を縫う

前身頃（表）

※反対側も同様に縫う

5. 裾・後ろ端を縫う

後ろ身頃（裏）

前身頃（裏）

後ろ身頃（裏）

0.3

1

①脇の縫い代を割る

0.5

1

②縫い代を折って縫う

6. 面ファスナーをつける

えり（表）

面ファスナーをつける

0.5

0.5

0.2

5

（凸）

前身頃（裏）

（凹）

0.2

後ろ身頃（表）

後ろ身頃（表）

7. リボンタイを作る

①サテンリボンを図のように折る

②丸ゴムひもを輪にして結び、リボンを重ねて糸で巻く

直径約2.5

ボタンをつける

できあがり

リボンタイをえりに通す

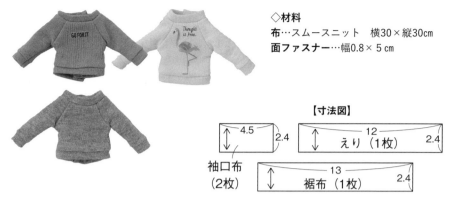

◇**材料**
布…スムースニット　横30×縦30cm
面ファスナー…幅0.8×5cm

◇**必要なパーツ**（型紙P.76）
＊袖口布・えり・裾布の型紙はありません。
　記載の寸法図（縫い代込み）で裁ってください。
　T-10①前身頃…1枚
　T-10①後ろ身頃…左右対称2枚
　T-10②袖…左右対称2枚
　袖口布…2枚（左記の寸法図参照）
　えり…1枚（左記の寸法図参照）
　裾布…1枚（左記の寸法図参照）

【寸法図】

袖口布（2枚）　4.5／2.4
えり（1枚）　12／2.4
裾布（1枚）　13／2.4

1. 袖をつける

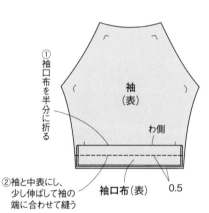

①袖口布を半分に折る
②袖と中表にし、少し伸ばして袖の端に合わせて縫う
袖（表）
わ側
袖口布（表）
0.5

③縫い代を袖側へ倒す
④袖、身頃を中表に合わせて縫い、縫い代を身頃側へ倒す
前身頃（裏）
袖（裏）
袖（裏）
0.5
袖口布（表）
袖口布（表）
後ろ身頃（裏）
後ろ身頃（裏）

2. えりをつける

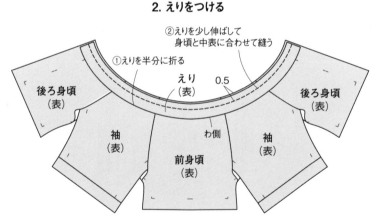

①えりを半分に折る
②えりを少し伸ばして身頃と中表に合わせて縫う
えり（表）
0.5
後ろ身頃（表）
後ろ身頃（表）
袖（表）
袖（表）
わ側
前身頃（表）

3. 袖下・脇を縫う

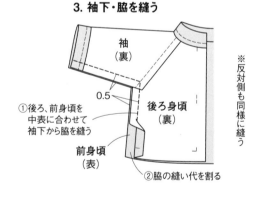

袖（裏）
0.5
後ろ身頃（裏）
①後ろ、前身頃を中表に合わせて袖下から脇を縫う
前身頃（表）
②脇の縫い代を割る
※反対側も同様に縫う

4. 裾布をつける

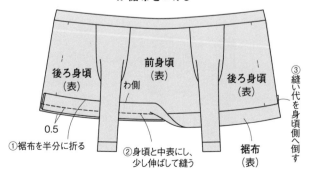

後ろ身頃（表）
前身頃（表）
わ側
後ろ身頃（表）
0.5
①裾布を半分に折る
②身頃と中表にし、少し伸ばして縫う
裾布（表）
③縫い代を身頃側へ倒す

5. 面ファスナーをつける（P.45の6.を参照）

できあがり
好みでプリント（P.30）をつける
GOFORIT

46

YouTube
作り方動画つき

◇**材料**
布…スムースニット　横50×縦15cm

【寸法図】

袖口布
(2枚)　← 5 → ↕2.4

裾布
(1枚)　中心に合い印をつける　2.4
　　　　　← 12.5 →

◇**必要なパーツ**（型紙P.79）
＊袖口布・裾布の型紙はありません。
　記載の寸法図（縫い代込み）で裁ってください。
　T-11①前・後ろ身頃…各1枚
　T-11②袖…左右対称2枚
　T-11③フード…左右対称2枚
　袖口布…2枚（左記の寸法図参照）
　裾布…1枚（左記の寸法図参照）

1. 袖をつける

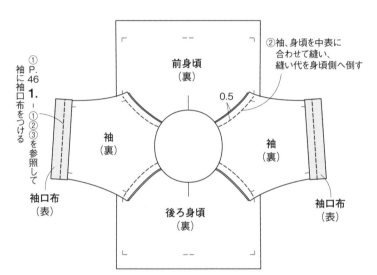

① P.46 1.①袖に袖口布をつける②③を参照して

前身頃（裏）

0.5

②袖、身頃を中表に合わせて縫い、縫い代を身頃側へ倒す

袖（裏）　　袖（裏）

後ろ身頃（裏）

袖口布（表）　　袖口布（表）

2. フードを作る

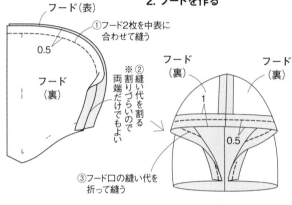

フード（表）
0.5
フード（裏）

①フード2枚を中表に合わせて縫う

※②縫い代を割り割りづらいので両端だけでもよい

フード（裏）　フード（裏）
1
0.5

③フード口の縫い代を折って縫う

4. 片方の袖下・脇を縫う（P.46の3.を参照）
①P.46の**3.**を参照して、左の袖下から脇を縫う
（右側は縫わないでおく）

3. フードをつける

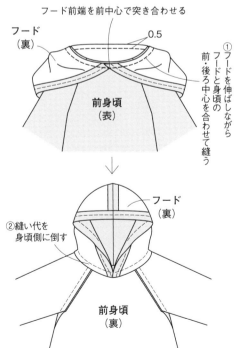

フード前端を前中心で突き合わせる

フード（裏）
0.5

前身頃（表）

①フードを伸ばしながらフードと身頃の前・後ろ中心を合わせて縫う

②縫い代を身頃側に倒す

フード（裏）

前身頃（裏）

5. 裾布をつけ、もう片方の袖下から脇を縫う

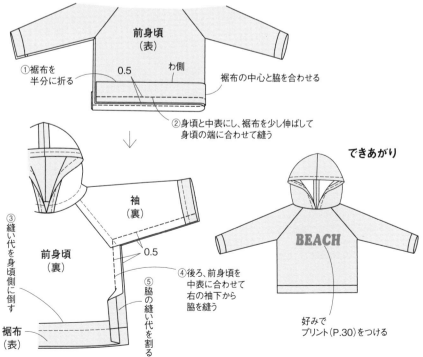

前身頃（表）
0.5　わ側

①裾布を半分に折る

裾布の中心と脇を合わせる

②身頃と中表にし、裾布を少し伸ばして身頃の端に合わせて縫う

③縫い代を身頃側に倒す

袖（裏）

前身頃（裏）
0.5

裾布（表）

④後ろ、前身頃を中表に合わせて右の袖下から脇を縫う

⑤脇の縫い代を割る

できあがり

BEACH

好みでプリント（P.30）をつける

47

【難易度】〈フレアスカート〉★★★☆☆

〈直線ギャザースカート〉★★☆☆☆

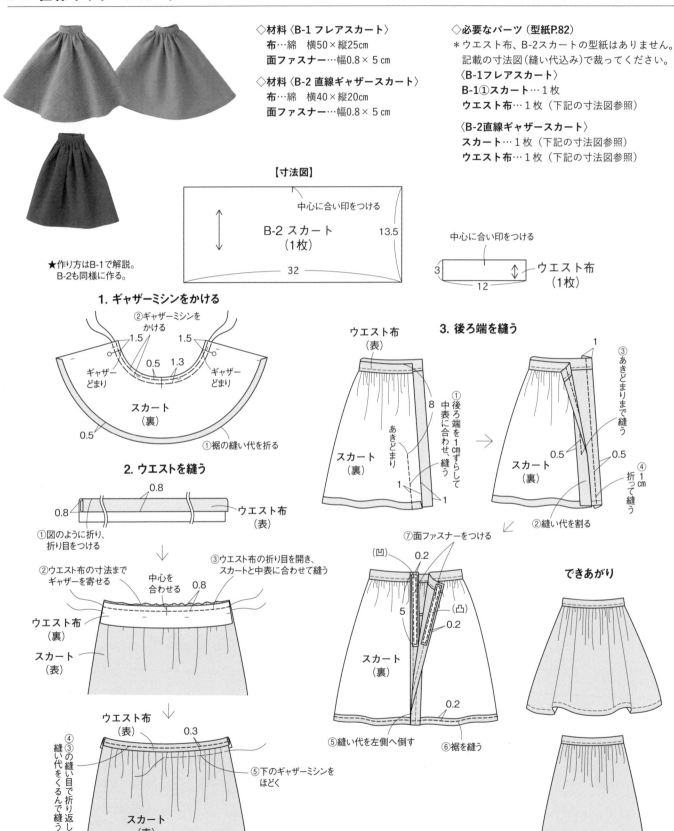

◇材料〈B-1 フレアスカート〉

布…綿　横50×縦25cm

面ファスナー…幅0.8×5cm

◇材料〈B-2 直線ギャザースカート〉

布…綿　横40×縦20cm

面ファスナー…幅0.8×5cm

◇必要なパーツ（型紙P.82）

＊ウエスト布、B-2スカートの型紙はありません。
　記載の寸法図（縫い代込み）で裁ってください。

〈B-1フレアスカート〉

B-1①スカート…1枚

ウエスト布…1枚（下記の寸法図参照）

〈B-2直線ギャザースカート〉

スカート…1枚（下記の寸法図参照）

ウエスト布…1枚（下記の寸法図参照）

【寸法図】

中心に合い印をつける

B-2 スカート
（1枚）

13.5

32

中心に合い印をつける

3

ウエスト布
（1枚）

12

★作り方はB-1で解説。
　B-2も同様に作る。

1. ギャザーミシンをかける

②ギャザーミシンを
かける

1.5　1.5

0.5　1.3

ギャザー
どまり

ギャザー
どまり

スカート
（裏）

0.5

①裾の縫い代を折る

2. ウエストを縫う

0.8

0.8　0.8

ウエスト布
（表）

①図のように折り、
折り目をつける

②ウエスト布の寸法まで
ギャザーを寄せる

中心を
合わせる　0.8

③ウエスト布の折り目を開き、
スカートと中表に合わせて縫う

ウエスト布
（裏）

スカート
（表）

ウエスト布
（表）　0.3

④
③の縫い目で折り返し、
縫い代をくるんで縫う

スカート
（表）

⑤下のギャザーミシンを
ほどく

3. 後ろ端を縫う

ウエスト布
（表）

スカート
（裏）

あきどまり

8

①後ろ端を1cmずらして
中表に合わせ、縫う

1

1

1

あきどまりまで縫う③

0.5

0.5

②縫い代を割る

④
1cm
折って
縫う

⑦面ファスナーをつける

（凹）　0.2

5

（凸）

0.2

スカート
（裏）

0.2

⑤縫い代を左側へ倒す

⑥裾を縫う

できあがり

◇材料〈B-3共通〉
　布…薄手デニム　横30×縦20cm
　面ファスナー…幅1×2cm

◇材料〈B-4共通〉
　布…綿　横25×縦20cm
　面ファスナー…幅1×2cm

YouTube
B-3 作り方動画つき

◇必要なパーツ（型紙P.83）
〈B-3共通〉
　B-3・B-4②前パンツ…左右対称2枚
　B-3・B-4①後ろパンツ…左右対称2枚
　B-3③脇布…左右対称2枚

〈B-4共通〉
　B-3・B-4②前パンツ…左右対称2枚
　B-3・B-4①後ろパンツ…左右対称2枚

★作り方はB-3で解説。B-4も同様に作る。

1. ポケットを縫う（B-3のみ）

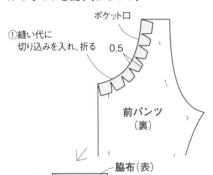

①縫い代に切り込みを入れ、折る
0.5
ポケット口
前パンツ（裏）

脇布（表）
ポケット口
②ポケット口を合わせて脇布に重ねる
0.1
③ステッチをかける
前パンツ（表）
※反対側も同様に縫う

2. 前股上を縫う

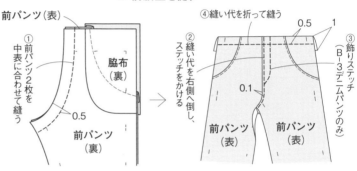

前パンツ（表）
①前パンツ2枚を中表に合わせて縫う
脇布（裏）
0.5
前パンツ（裏）

②縫い代を折って縫う
0.5　1
②縫い代を右側へ倒し、ステッチをかける
0.1
③飾りステッチ（B-3デニムパンツのみ）
前パンツ（表）　前パンツ（表）

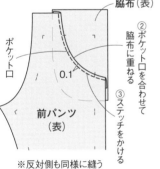

後ろパンツ（表）
②縫い代を割る
0.5
あきどまり
①後ろパンツ2枚を中表に合わせて縫う
後ろパンツ（裏）

3. 後ろ股上を縫う

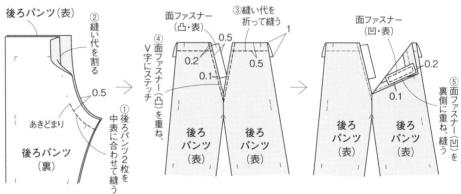

面ファスナー（凸・表）
③縫い代を折って縫う
0.5　1
0.2
0.1
④面ファスナー（凸）を重ね、V字にステッチ
後ろパンツ（表）　後ろパンツ（表）

面ファスナー（凹・表）
0.2
0.1
⑤面ファスナー（凹）を裏側に重ね、縫う
後ろパンツ（表）　後ろパンツ（表）

4. 脇・裾・股下を縫う

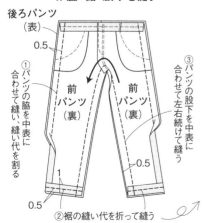

後ろパンツ（表）
0.5
①パンツの脇を中表に合わせて縫い、縫い代を割る
前パンツ（裏）　前パンツ（裏）
③パンツの股下を中表に合わせて左右続けて縫う
1
0.5
0.5
②裾の縫い代を折って縫う

ロールアップパンツの場合
（表）
0.8
0.8
0.8cm幅で表側に2回折る（縫わずにおく）

できあがり

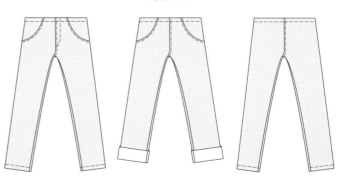

◇材料〈ワイド・クロップドパンツ共通〉
　布…綿　横30×縦20cm
　ゴムテープ（4コール）…10cm

◇材料〈ショートパンツ〉
　布…綿　横30×縦15cm
　ゴムテープ（4コール）…10cm

◇必要なパーツ（型紙P.83）
〈共通〉
　B-5①パンツ…左右対称2枚

★作り方はクロップド丈で解説。
　ワイド・ショート丈も同様に作る。

1. 股上を縫う

0.5
パンツ（表）
②パンツ2枚を中表に合わせて縫う
パンツ（裏）
1
①縫い代を折り、縫う
0.5

2. ウエスト・裾を縫う

②縫い代を折る　1
①股上の縫い代を片方に倒す
パンツ（裏）
パンツ（裏）

③ゴムテープ（6cm分）をつける
※つけ方はP.32を参照
余分をカット
1　0.3　1
伸ばさず返し縫い　　伸ばさず返し縫い
パンツ（裏）
パンツ（裏）

3. もう片方の股上を縫う

パンツ（表）
0.5
①パンツ2枚を中表に合わせて縫う
パンツ（裏）

4. 股下を縫う

①パンツを開き、股上を中心にたたみ直す
②パンツの股下を中表に合わせて左右続けて縫う
パンツ（裏）
パンツ（裏）
0.5

できあがり

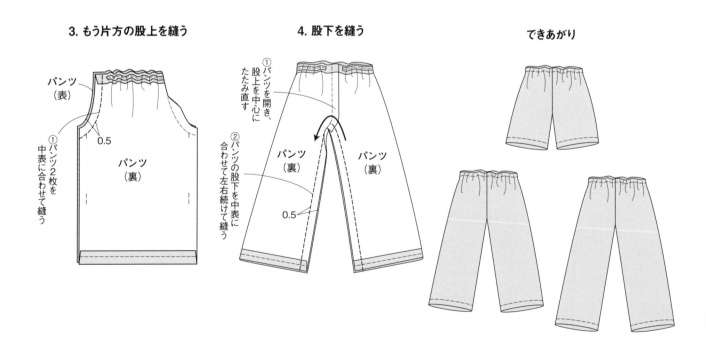

B-6 スキニーニットパンツ Photo…P.21　【難易度】★★☆☆☆

◇材料
布…スムースニット　横20×縦20cm
＊必ずスムースニットで作る

◇必要なパーツ（型紙P.82）
B-6①パンツ…左右対称2枚

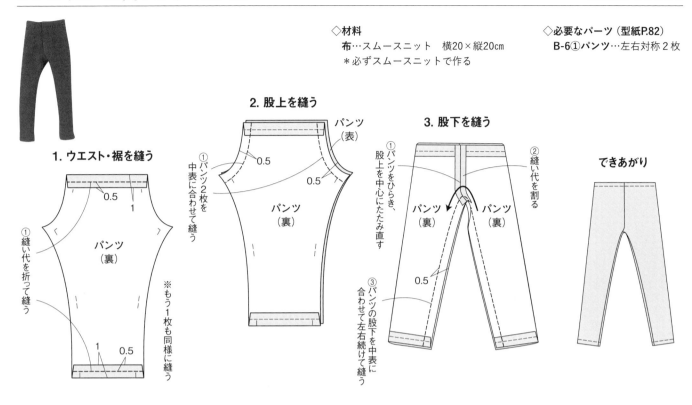

1. ウエスト・裾を縫う

0.5　1
①縫い代を折って縫う
パンツ（裏）
1　0.5
※もう1枚も同様に縫う

2. 股上を縫う

パンツ（表）
0.5
0.5
①パンツ2枚を中表に合わせて縫う
パンツ（裏）

3. 股下を縫う

①パンツをひらき、股上を中心にたたみ直す
②縫い代を割る
パンツ（裏）　パンツ（裏）
0.5
③パンツの股下を中表に合わせて左右続けて縫う

できあがり

B-7 ティアードスカート Photo…P.17　【難易度】★★★☆☆

◇材料
布…綿　横60×縦20cm
面ファスナー…幅0.8×5cm

◇必要なパーツ（型紙P.85）
＊スカート2段目と3段目・ウエスト布の型紙はありません。
　記載の寸法図（縫い代込み）で裁ってください。
B-7①スカート1段目…1枚
スカート2段目…1枚（左記の寸法図参照）
スカート3段目…1枚（左記の寸法図参照）
ウエスト布…1枚（下記の寸法図参照）

【寸法図】

35.6
5.6　↕　スカート2段目（1枚）

54
6　↕　スカート3段目（1枚）

中心に合い印をつける
3　↕　ウエスト布（1枚）
12

1. スカートをつなげる

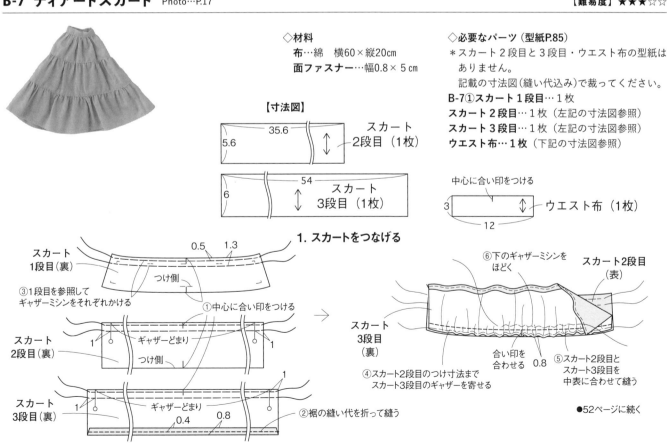

0.5　1.3
スカート1段目（裏）
つけ側
③1段目を参照してギャザーミシンをそれぞれかける

スカート2段目（裏）
①中心に合い印をつける
1　ギャザーどまり　1
つけ側

スカート3段目（裏）
1　ギャザーどまり　1
②裾の縫い代を折って縫う
0.4　0.8

⑥下のギャザーミシンをほどく
スカート2段目（表）
スカート3段目（裏）
④スカート2段目のつけ寸法までスカート3段目のギャザーを寄せる
合い印を合わせる　0.8
⑤スカート2段目とスカート3段目を中表に合わせて縫う

●52ページに続く

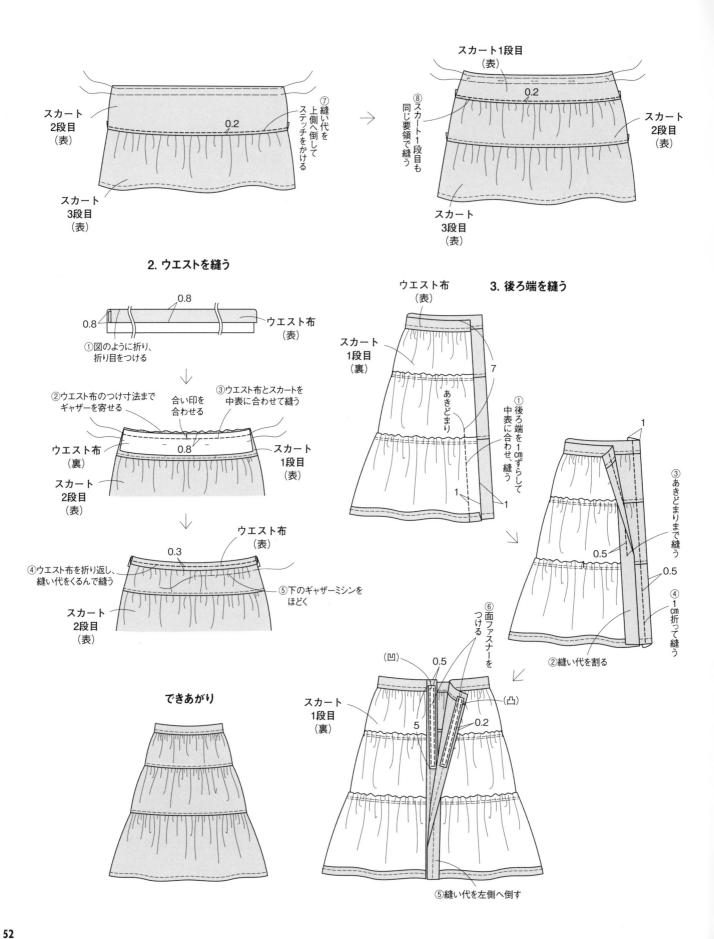

スカート
2段目
(表)

0.2

⑦縫い代を上側へ倒してステッチをかける

スカート1段目
(表)

0.2

⑧スカート1段目も同じ要領で縫う

スカート
2段目
(表)

スカート
3段目
(表)

スカート
3段目
(表)

2. ウエストを縫う

0.8

0.8

ウエスト布
(表)

①図のように折り、折り目をつける

②ウエスト布のつけ寸法までギャザーを寄せる

合い印を合わせる

③ウエスト布とスカートを中表に合わせて縫う

ウエスト布
(裏)

0.8

スカート
1段目
(表)

スカート
2段目
(表)

ウエスト布
(表)

0.3

④ウエスト布を折り返し、縫い代をくるんで縫う

⑤下のギャザーミシンをほどく

スカート
2段目
(表)

できあがり

ウエスト布
(表)

3. 後ろ端を縫う

スカート
1段目
(裏)

あきどまり

7

①後ろ端を1cmずらして中表に合わせ、縫う

1

1

1

0.5

③あきどまりまで縫う

0.5

④1cm折って縫う

②縫い代を割る

⑥面ファスナーをつける

(凹)

0.5

5

スカート
1段目
(裏)

(凸)

0.2

⑤縫い代を左側へ倒す

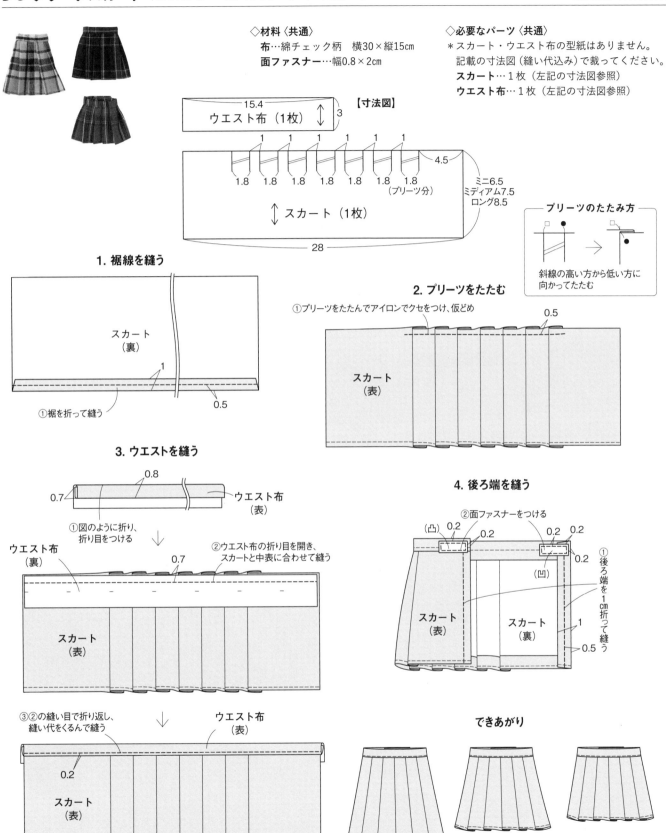

◇材料〈共通〉
布…綿チェック柄　横30×縦15cm
面ファスナー…幅0.8×2cm

◇必要なパーツ〈共通〉
＊スカート・ウエスト布の型紙はありません。
　記載の寸法図（縫い代込み）で裁ってください。
　スカート…1枚（左記の寸法図参照）
　ウエスト布…1枚（左記の寸法図参照）

【寸法図】
ウエスト布（1枚）　15.4　3

スカート（1枚）
1　1　1　1　1
1.8　1.8　1.8　1.8　1.8　1.8　1.8（プリーツ分）
4.5
ミニ6.5　ミディアム7.5　ロング8.5
28

プリーツのたたみ方
斜線の高い方から低い方に向かってたたむ

1. 裾線を縫う
スカート（裏）
1
0.5
①裾を折って縫う

2. プリーツをたたむ
①プリーツをたたんでアイロンでクセをつけ、仮どめ
0.5
スカート（表）

3. ウエストを縫う
0.8
0.7
ウエスト布（表）
①図のように折り、折り目をつける
ウエスト布（裏）
0.7
②ウエスト布の折り目を開き、スカートと中表に合わせて縫う
スカート（表）

③②の縫い目で折り返し、縫い代をくるんで縫う
ウエスト布（表）
0.2
スカート（表）

4. 後ろ端を縫う
②面ファスナーをつける
（凸）0.2　0.2
0.2　（凹）0.2　0.2
①後ろ端を1cm折って縫う
スカート（表）
スカート（裏）
1
0.5

できあがり

◇材料〈共通〉
　布…スムースニット　横30×縦30cm
　ボタン(紺色のみ)…0.4cm径を3個

◇必要なパーツ(型紙P.81)
＊袖口布・えり・裾布の型紙はありません。
　記載の寸法図(縫い代込み)で裁ってください。
O-1①後ろ身頃…1枚
O-1②前身頃…左右対称2枚
O-1③袖…左右対称2枚
袖口布…2枚(左記の寸法図参照)
えり…1枚(左記の寸法図参照)
裾布…1枚(左記の寸法図参照)

【寸法図】
袖口布(2枚)　4.7　2.3
裾布(1枚)　13.5　2.5
えり(1枚)　20　2.3

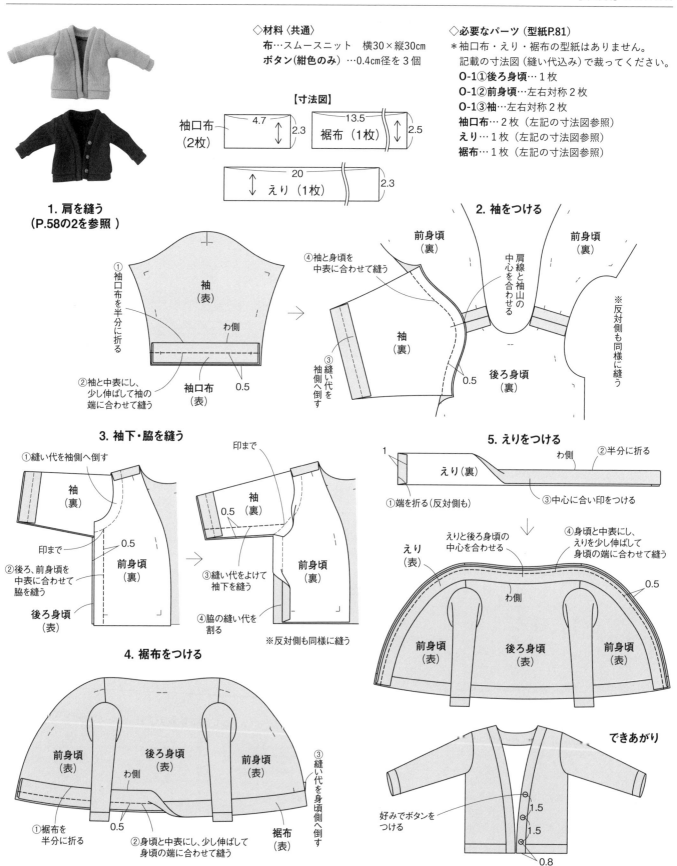

1. 肩を縫う
(P.58の2を参照)

①袖口布を半分に折る
袖(表)
わ側
②袖と中表にし、少し伸ばして袖の端に合わせて縫う
袖口布(表)
0.5

④袖と身頃を中表に合わせて縫う
前身頃(裏)
③縫い代を袖側へ倒す
袖(裏)

2. 袖をつける
前身頃(裏)
肩線と袖山の中心を合わせる
前身頃(裏)
袖(裏)
0.5
後ろ身頃(裏)
※反対側も同様に縫う

3. 袖下・脇を縫う
①縫い代を袖側へ倒す
袖(裏)
印まで
0.5
後ろ身頃(表)
②後ろ、前身頃を中表に合わせて脇を縫う
前身頃(裏)

印まで
袖(裏)
0.5
③縫い代をよけて袖下を縫う
④脇の縫い代を割る
前身頃(裏)
※反対側も同様に縫う

4. 裾布をつける
前身頃(表)
わ側
後ろ身頃(表)
前身頃(表)
③縫い代を身頃側へ倒す
①裾布を半分に折る
0.5
②身頃と中表にし、少し伸ばして身頃の端に合わせて縫う
裾布(表)

5. えりをつける
1
えり(裏)
わ側
②半分に折る
①端を折る(反対側も)
③中心に合い印をつける

えり(表)
えりと後ろ身頃の中心を合わせる
わ側
④身頃と中表にし、えりを少し伸ばして身頃の端に合わせて縫う
0.5
前身頃(表)
後ろ身頃(表)
前身頃(表)

できあがり
好みでボタンをつける
1.5
1.5
0.8

◇材料〈前あきパーカ〉
　布…スムースニット　横50×縦15cm

◇材料〈フードカーディガン〉
　布…スムースニット　横50×縦20cm

◇必要なパーツ〈共通〉（型紙P.78）
　O-2①後ろ身頃…1枚
　O-2②前身頃…左右対称2枚
　O-2③袖…左右対称2枚
　O-2④フード…左右対称2枚

1. 肩を縫う
（P.58の2.を参照）

2. フードをつける

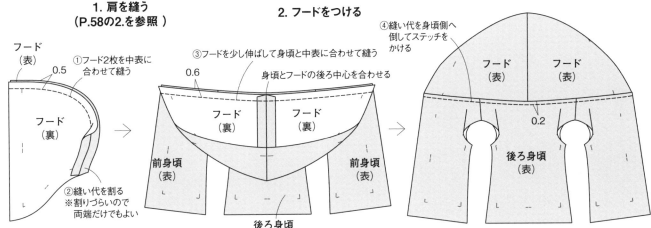

フード
（表）
0.5

①フード2枚を中表に
合わせて縫う

フード
（裏）

②縫い代を割る
※割りづらいので
両端だけでもよい

③フードを少し伸ばして身頃と中表に合わせて縫う
身頃とフードの後ろ中心を合わせる

0.6

フード
（裏）　フード
（裏）

前身頃
（表）　前身頃
（表）

後ろ身頃
（表）

④縫い代を身頃側へ
倒してステッチを
かける

フード
（表）　フード
（表）

0.2

後ろ身頃
（表）

3. 袖をつける

5. 前端・裾を縫う

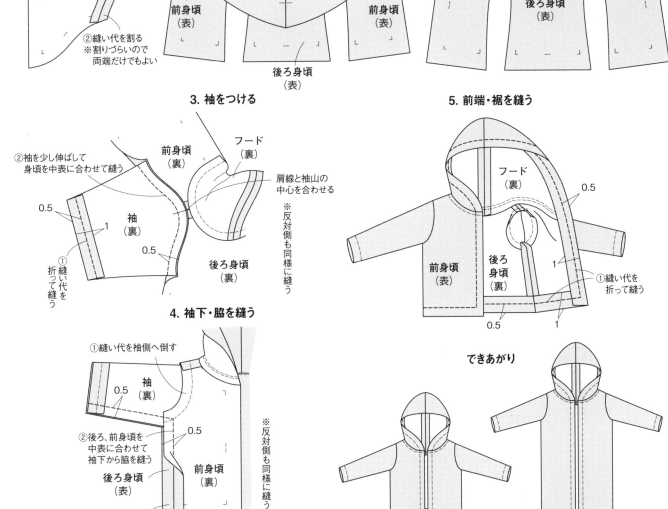

②袖を少し伸ばして
身頃を中表に合わせて縫う

0.5
袖
（裏）
1
0.5

①縫い代を折って縫う

0.5

前身頃
（裏）

フード
（裏）

肩線と袖山の
中心を合わせる

※反対側も同様に縫う

後ろ身頃
（裏）

4. 袖下・脇を縫う

①縫い代を袖側へ倒す

袖
（裏）
0.5

②後ろ、前身頃を
中表に合わせて
袖下から脇を縫う

後ろ身頃
（表）

0.5

前身頃
（裏）

③脇の縫い代を割る

※反対側も同様に縫う

フード
（裏）
0.5

前身頃
（表）

後ろ身頃
（裏）

1

①縫い代を
折って縫う

0.5
1

できあがり

55

◇**材料〈ロング丈〉**
　布…綿　横50×縦25cm
　ボタン…0.4cm径を3個

◇**材料〈ミディアム丈〉**
　布…綿　横50×縦20cm
　ボタン…0.4cm径を2個

◇**必要なパーツ〈共通〉**（型紙P.80）
　O-3①後ろ身頃…1枚
　O-3②前身頃…左右対称2枚
　O-3③袖…左右対称2枚
　O-3④えり…1枚

1. 肩を縫う　　　　　　　　　　　　　**2. えりをつける**

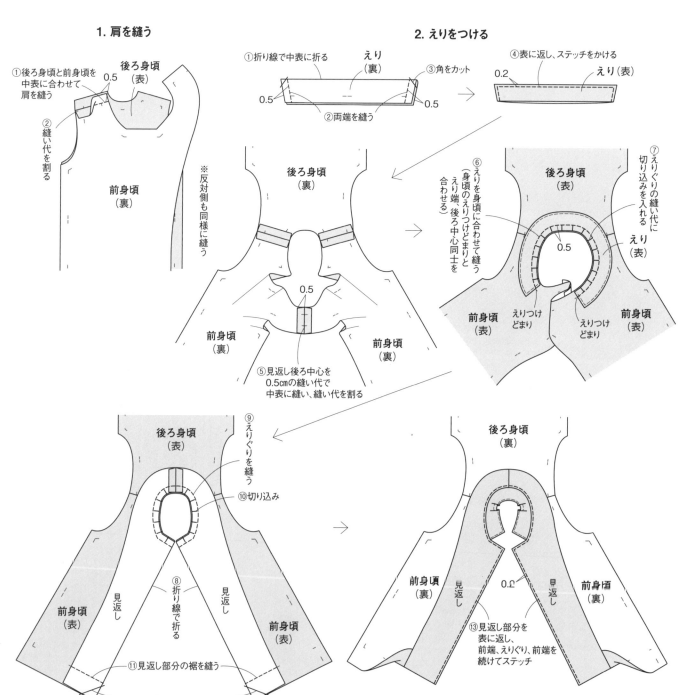

①後ろ身頃と前身頃を中表に合わせて肩を縫う
0.5
後ろ身頃（表）
②縫い代を割る
前身頃（裏）
※反対側も同様に縫う

①折り線で中表に折る
えり（裏）
③角をカット
0.5
②両端を縫う
0.5

④表に返し、ステッチをかける
0.2
えり（表）

後ろ身頃（裏）
0.5
前身頃（裏）
前身頃（裏）
⑤見返し後ろ中心を0.5cmの縫い代で中表に縫い、縫い代を割る

⑥えりを身頃に合わせて縫う（身頃のえりつけどまりとえり端、後ろ中心同士を合わせる）
後ろ身頃（表）
⑦えりぐりの縫い代に切り込みを入れる
えり（表）
0.5
前身頃（表）
えりつけどまり
えりつけどまり
前身頃（表）

後ろ身頃（表）
⑨えりぐりを縫う
⑩切り込み
前身頃（表）
見返し
⑧折り線で折る
見返し
前身頃（表）
前身頃（表）
⑪見返し部分の裾を縫う
⑫角をカット

後ろ身頃（裏）
前身頃（裏）
見返し
0.2
見返し
前身頃（裏）
⑬見返し部分を表に返し、前端、えりぐり、前端を続けてステッチ

56

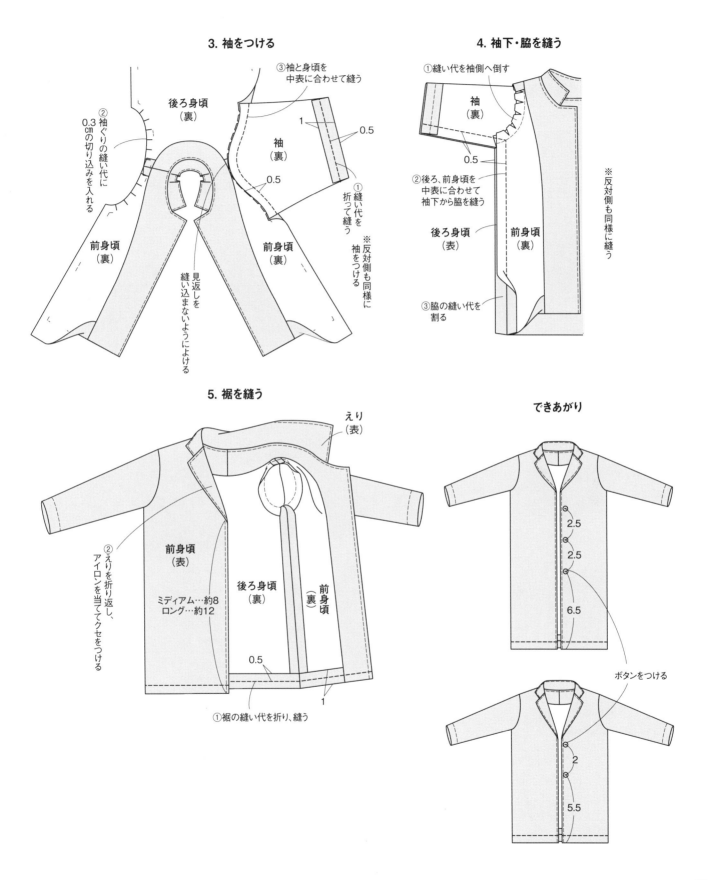

3. 袖をつける

後ろ身頃（裏）

前身頃（裏）

前身頃（裏）

②袖ぐりの縫い代に0.3cmの切り込みを入れる

見返しを縫い込まないようによける

③袖と身頃を中表に合わせて縫う

袖（裏）

1

0.5

0.5

①縫い代を折って縫う

※反対側も同様に袖をつける

4. 袖下・脇を縫う

袖（裏）

①縫い代を袖側へ倒す

0.5

②後ろ、前身頃を中表に合わせて袖下から脇を縫う

後ろ身頃（表）

前身頃（裏）

③脇の縫い代を割る

※反対側も同様に縫う

5. 裾を縫う

えり（表）

前身頃（表）

後ろ身頃（裏）

前身頃（裏）

ミディアム…約8
ロング…約12

②えりを折り返し、アイロンを当ててクセをつける

0.5

1

①裾の縫い代を折り、縫う

できあがり

2.5

2.5

6.5

ボタンをつける

2

5.5

◇材料
　布…薄手デニム　横50×縦15cm
　ボタン…0.4cm径を6個
　※縫う前に各パーツにほつれどめを塗る

◇必要なパーツ（型紙P.81）
＊袖口布・裾布の型紙はありません。
　記載の寸法図（縫い代込み）で裁ってください。
O-4①後ろ身頃…1枚
O-4②ヨーク…左右対称2枚
O-4③前身頃…左右対称2枚
O-4④見返し…左右対称2枚
O-4⑤袖…左右対称2枚
O-4⑥えり…1枚
O-4⑦ポケット…2枚
袖口布…2枚（左記の寸法図参照）
裾布…1枚（左記の寸法図参照）

【寸法図】

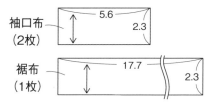

袖口布（2枚）　5.6　2.3

裾布（1枚）　17.7　2.3

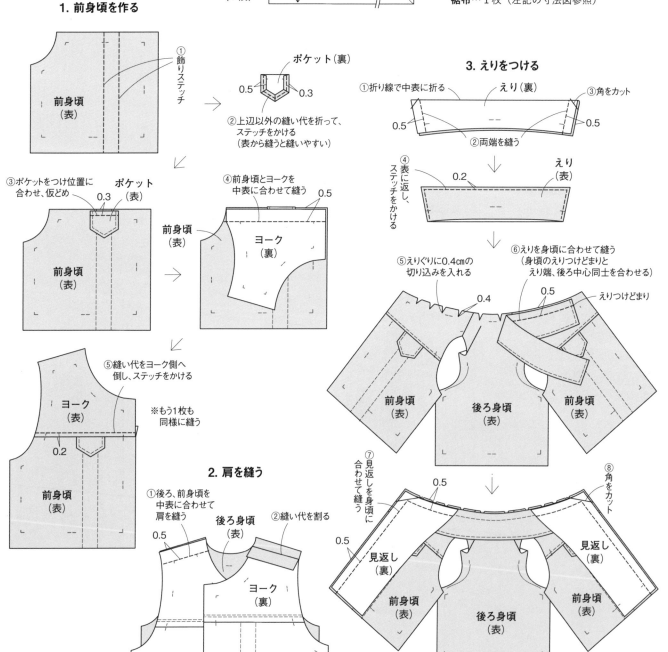

1. 前身頃を作る

①飾りステッチ

前身頃（表）

ポケット（裏）
0.5　0.3

②上辺以外の縫い代を折って、ステッチをかける（表から縫うと縫いやすい）

③ポケットをつけ位置に合わせ、仮どめ

ポケット（表）　0.3

前身頃（表）

④前身頃とヨークを中表に合わせて縫う　0.5

ヨーク（裏）

⑤縫い代をヨーク側へ倒し、ステッチをかける

ヨーク（表）　0.2

前身頃（表）

※もう1枚も同様に縫う

2. 肩を縫う

①後ろ、前身頃を中表に合わせて肩を縫う　0.5

②縫い代を割る

後ろ身頃（表）

ヨーク（裏）

3. えりをつける

①折り線で中表に折る　えり（裏）

③角をカット

0.5　0.5

②両端を縫う

④表に返し、ステッチをかける

えり（表）　0.2

⑤えりぐりに0.4cmの切り込みを入れる　0.4

⑥えりを身頃に合わせて縫う（身頃のえりつけどまりとえり端、後ろ中心同士を合わせる）　0.5

えりつけどまり

前身頃（表）　後ろ身頃（表）　前身頃（表）

⑦見返しを身頃に合わせて縫う　0.5

⑧角をカット

0.5

見返し（裏）　見返し（裏）

前身頃（表）　後ろ身頃（表）　前身頃（表）

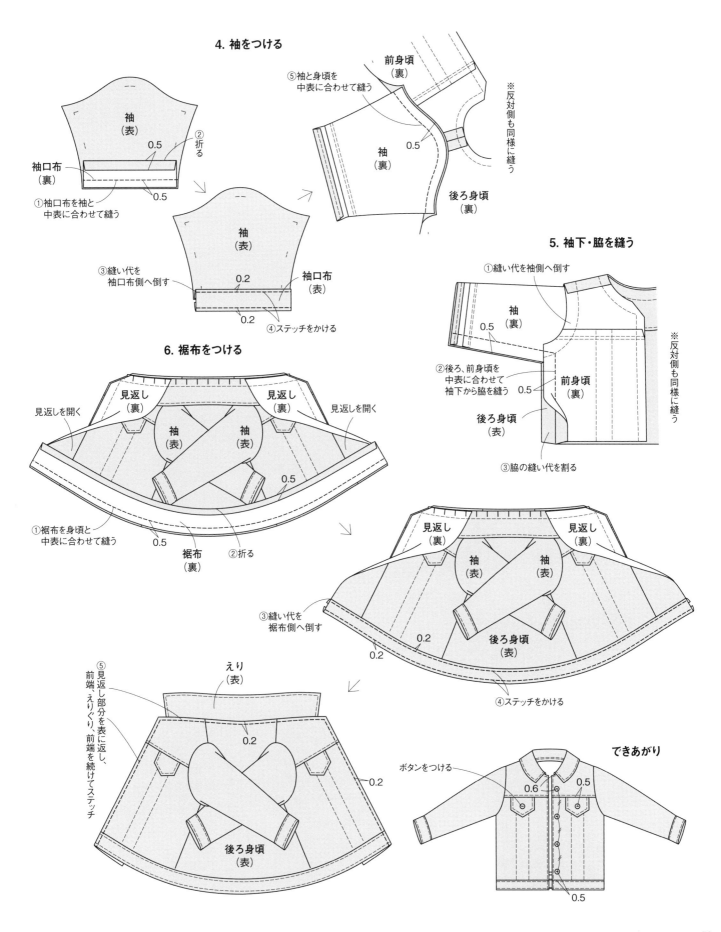

4. 袖をつける

袖口布
（裏）
①袖口布を袖と
中表に合わせて縫う

袖
（表）

0.5

②折る

0.5

袖
（表）

③縫い代を
袖口布側へ倒す

0.2

袖口布
（表）

0.2

④ステッチをかける

⑤袖と身頃を
中表に合わせて縫う

前身頃
（裏）

袖
（裏）

0.5

後ろ身頃
（裏）

※反対側も同様に縫う

5. 袖下・脇を縫う

①縫い代を袖側へ倒す

袖
（裏）

0.5

②後ろ、前身頃を
中表に合わせて
袖下から脇を縫う

前身頃
（裏）

0.5

後ろ身頃
（表）

③脇の縫い代を割る

※反対側も同様に縫う

6. 裾布をつける

見返しを開く

見返し
（裏）

見返し
（裏）

見返しを開く

袖
（表）

袖
（表）

0.5

①裾布を身頃と
中表に合わせて縫う

0.5

裾布
（裏）

②折る

見返し
（裏）

見返し
（裏）

袖
（表）

袖
（表）

③縫い代を
裾布側へ倒す

0.2

0.2

後ろ身頃
（表）

④ステッチをかける

⑤見返し部分を表に返し、
前端、えりぐり、前端を
続けてステッチ

えり
（表）

0.2

0.2

後ろ身頃
（表）

できあがり

ボタンをつける

0.6

0.5

0.5

◇材料
布…綿　横40×縦20cm
フリース…横15×縦5cm
スナップボタン…0.4cm径を2組
ボタン…0.4cm径を2個

◇必要なパーツ（型紙P.79）
O-5①後ろ身頃…1枚
O-5②前身頃…左右対称2枚
O-5③袖…左右対称2枚
O-5④えり…1枚

1. 肩を縫う

2. えりをつける

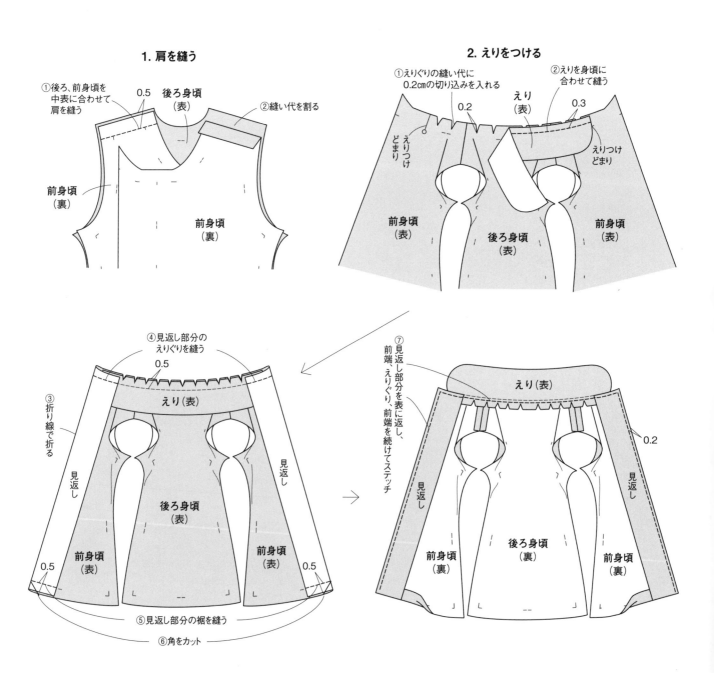

①後ろ、前身頃を
中表に合わせて
肩を縫う
0.5
後ろ身頃（表）
②縫い代を割る
前身頃（裏）
前身頃（裏）

①えりぐりの縫い代に
0.2cmの切り込みを入れる
0.2
えり（表）
②えりを身頃に
合わせて縫う
0.3
えりつけどまり
えりつけどまり
前身頃（表）
後ろ身頃（表）
前身頃（表）

④見返し部分の
えりぐりを縫う
0.5
えり（表）
③折り線で折る
見返し
見返し
後ろ身頃（表）
前身頃（表）
前身頃（表）
0.5
0.5
⑤見返し部分の裾を縫う
⑥角をカット

⑦見返し部分を表に返し、前端、えりぐり、前端を続けてステッチ
えり（表）
見返し
見返し
後ろ身頃（裏）
前身頃（裏）
前身頃（裏）
0.2

3. 袖をつける

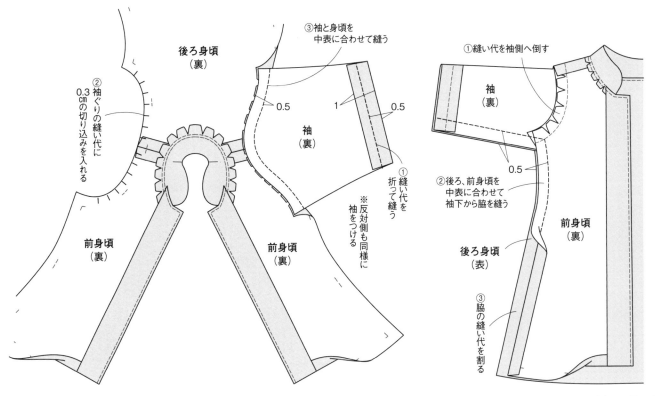

後ろ身頃（裏）

②袖ぐりの縫い代に0.3cmの切り込みを入れる

前身頃（裏）

前身頃（裏）

③袖と身頃を中表に合わせて縫う

0.5

1

0.5

袖（裏）

①縫い代を折って縫う

※反対側も同様に袖をつける

4. 袖下・脇を縫う

①縫い代を袖側へ倒す

袖（裏）

0.5

②後ろ、前身頃を中表に合わせて袖下から脇を縫う

後ろ身頃（表）

前身頃（裏）

③脇の縫い代を割る

※反対側も同様に縫う

5. 裾を縫い、スナップボタンをつける

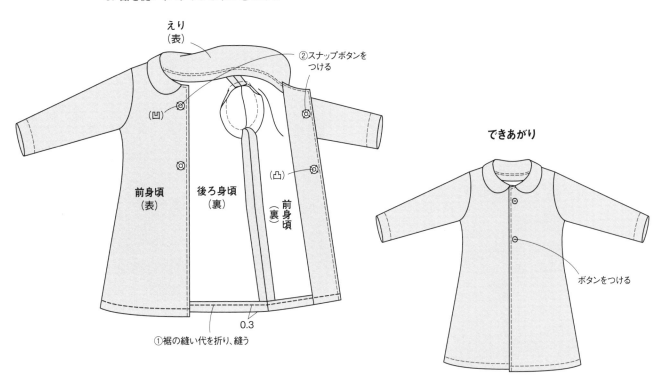

えり（表）

②スナップボタンをつける

（凹）

前身頃（表）

後ろ身頃（裏）

（凸）

前身頃（裏）

0.3

①裾の縫い代を折り、縫う

できあがり

ボタンをつける

◇材料〈ロータイプ〉
　布…薄手デニム　横35×縦20cm
　面ファスナー…幅1×2cm

◇材料〈ハイタイプ〉
　布…綿　横35×縦20cm
　面ファスナー…幅1×2cm

◇必要なパーツ（型紙P.84）
＊肩ひもの型紙はありません。
　記載の寸法図（縫い代込み）で裁ってください。
〈ロータイプ〉
H-1①前パンツ…左右対称2枚
H-1①後ろパンツ…左右対称2枚
肩ひも…2枚（左記の寸法図参照）

〈ハイタイプ〉
H-1①後ろパンツ…左右対称2枚
H-1②前パンツ…左右対称2枚
肩ひも…2枚（左記の寸法図参照）

【寸法図（ロータイプ・ハイタイプ共通）】

9
肩ひも（2枚）　　↕2

---

1. 肩ひもを作る

肩ひも（表）

四つ折りにして縫う

0.2

※もう1枚も同様に縫う

2. 胸当て端を縫う（ハイタイプのみ）

①縫い代に切り込みを入れて折る

0.3
0.5

②ステッチをかける

前パンツ（裏）

※もう1枚も同様に縫う

3. 前中心を縫い、肩ひもをつける

②縫い代を割る

①前パンツ2枚を中表に合わせて縫う

0.5

前パンツ（裏）

---

③上端の縫い代を折って折り目をつける

④折り目を開き、肩ひもを前パンツに合わせて仮どめする

0.5
0.2　　0.2
1

肩ひも（表）　　肩ひも（表）

前パンツ（表）　　前パンツ（表）

ロータイプの場合

1　1
0.5

肩ひも（表）　　肩ひも（表）

前パンツ（表）　　前パンツ（表）

⑤上端の縫い代を折って縫う

0.2
1

肩ひも（表）

前パンツ（裏）　　前パンツ（裏）

4. 後ろ股上を縫う

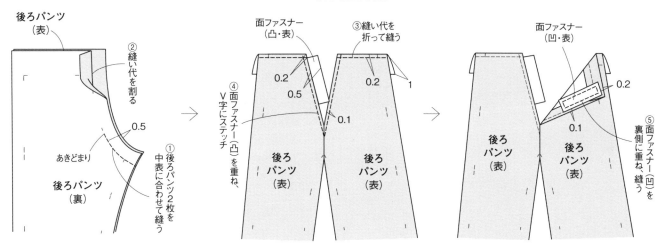

後ろパンツ（表）

② 縫い代を割る

あきどまり

後ろパンツ（裏）

0.5

① 後ろパンツ2枚を中表に合わせて縫う

面ファスナー（凸・表）

0.2

0.5

③ 縫い代を折って縫う

0.2

1

後ろパンツ（表）

後ろパンツ（表）

0.1

④ 面ファスナー（凸）を重ね、V字にステッチ

面ファスナー（凹・表）

0.2

0.1

後ろパンツ（表）

後ろパンツ（表）

⑤ 面ファスナー（凹）を裏側に重ね、縫う

5. 後ろパンツに肩ひもをつける

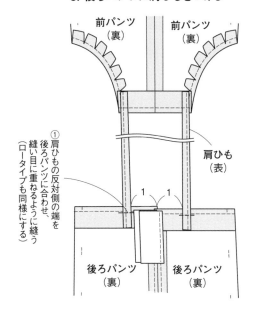

前パンツ（裏）

前パンツ（裏）

肩ひも（表）

1　1

後ろパンツ（裏）

後ろパンツ（裏）

① 肩ひもの反対側の端を後ろパンツに合わせ、縫い目に重ねるように縫う（ロータイプも同様にする）

6. 裾・股下・脇を縫う

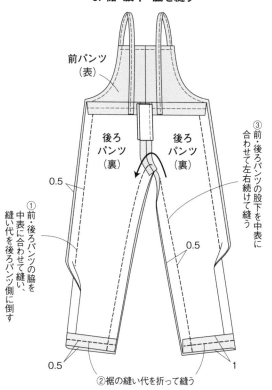

前パンツ（表）

後ろパンツ（裏）

後ろパンツ（裏）

0.5

0.5

0.5

0.5

1

① 前・後ろパンツの脇を中表に合わせて縫い、縫い代を後ろパンツ側に倒す

③ 前・後ろパンツの股下を中表に合わせて左右続けて縫う

② 裾の縫い代を折って縫う

できあがり

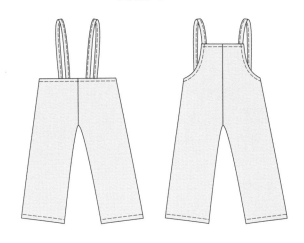

63

◇材料
　布…綿　横45×縦25cm
　面ファスナー…幅0.8×9cm

◇必要なパーツ（型紙P.85）
　H-2①後ろ身頃…左右対称2枚
　H-2②前身頃…左右対称2枚
　H-2③スカート…1枚

1. 身頃のダーツを縫う

①ダーツの中心で中表に折り、縫う
（返し縫いをせずに端から先端へ
縫い進み、端へ戻ると縫いやすい）

前身頃（裏）

前身頃（裏）

②縫い代を脇側へ倒す

※もう1枚も同様に縫う

2. 肩を縫う

①後ろ・前身頃を
中表に合わせて肩を縫う

0.5

後ろ身頃（表）

前身頃（裏）

3. えりぐり・袖口を縫う

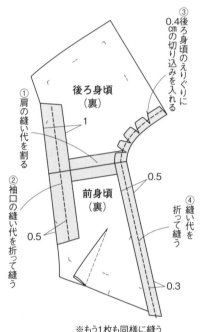

①肩の縫い代を割る

②袖口の縫い代を折って縫う

後ろ身頃（裏）

1

前身頃（裏）

0.5

0.5

0.5

0.3

③0.4後ろ身頃のえりぐりに
0.4cmの切り込みを入れる

④縫い代を
折って縫う

※もう1枚も同様に縫う

4. 前身頃を重ね、脇を縫う

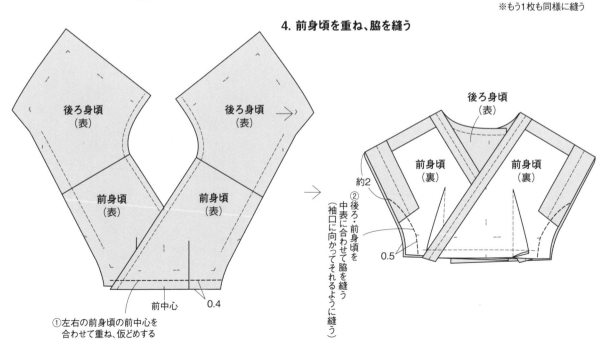

後ろ身頃（表）

後ろ身頃（表）

前身頃（表）

前身頃（表）

前中心

0.4

①左右の前身頃の前中心を
合わせて重ね、仮どめする

後ろ身頃（表）

前身頃（裏）

前身頃（裏）

約2

0.5

②後ろ・前身頃を
中表に合わせて脇を縫う
（袖口に向かってそれるように縫う）

5. スカートを縫う

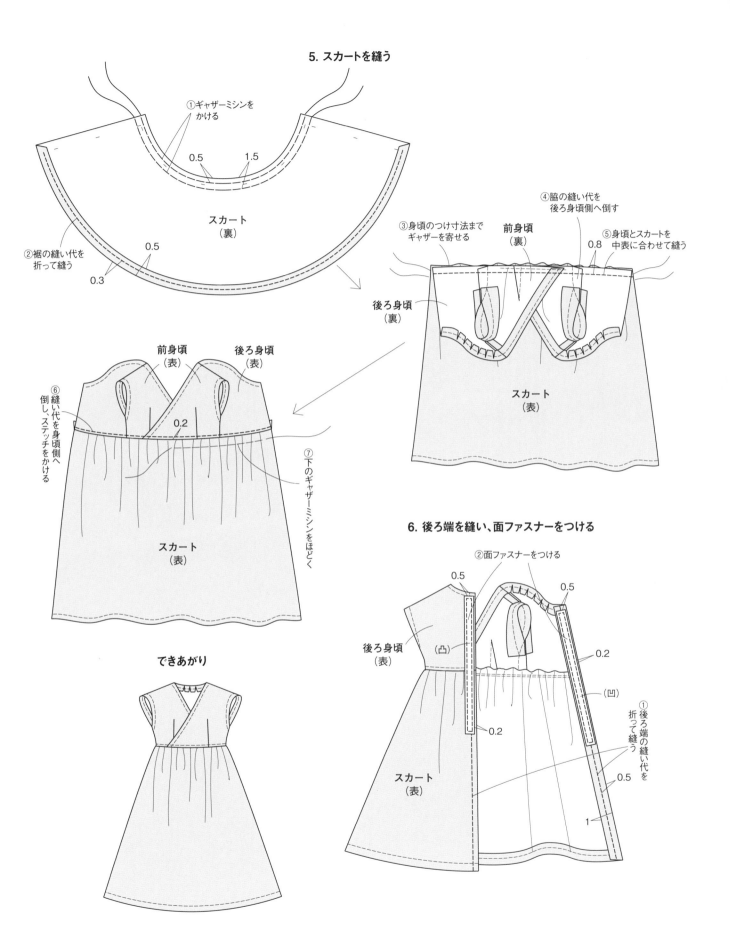

①ギャザーミシンを
かける

0.5   1.5

スカート
（裏）

②裾の縫い代を
折って縫う

0.5

0.3

③身頃のつけ寸法まで
ギャザーを寄せる

④脇の縫い代を
後ろ身頃側へ倒す

前身頃
（裏）

⑤身頃とスカートを
中表に合わせて縫う

0.8

後ろ身頃
（裏）

スカート
（表）

前身頃
（表）

後ろ身頃
（表）

⑥縫い代を身頃側へ
倒し、ステッチを
かける

0.2

⑦下のギャザーミシンをほどく

スカート
（表）

6. 後ろ端を縫い、面ファスナーをつける

②面ファスナーをつける

0.5   0.5

後ろ身頃
（表）

（凸）

0.2

（凹）

①後ろ端の縫い代を
折って縫う

0.2

0.5

1

スカート
（表）

できあがり

65

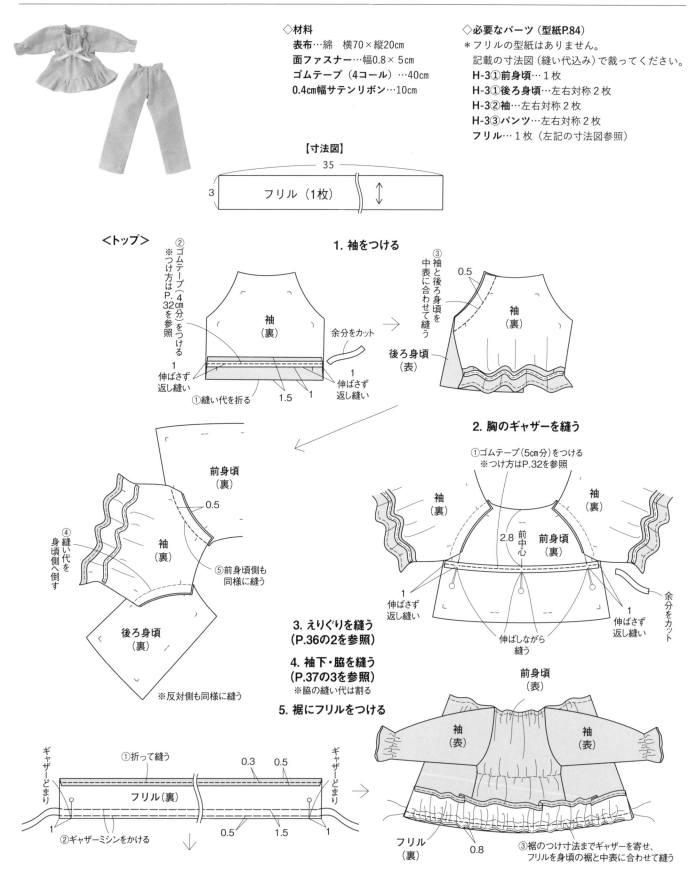

◇材料
　表布…綿　横70×縦20cm
　面ファスナー…幅0.8×5cm
　ゴムテープ（4コール）…40cm
　0.4cm幅サテンリボン…10cm

◇必要なパーツ（型紙P.84）
＊フリルの型紙はありません。
　記載の寸法図（縫い代込み）で裁ってください。
　H-3①前身頃…1枚
　H-3①後ろ身頃…左右対称2枚
　H-3②袖…左右対称2枚
　H-3③パンツ…左右対称2枚
　フリル…1枚（左記の寸法図参照）

【寸法図】

35
3　フリル（1枚）

＜トップ＞

1. 袖をつける

②ゴムテープ（4cm分）をつける
※つけ方はP.32を参照

袖（裏）

余分をカット

1 伸ばさず返し縫い
①縫い代を折る
1.5　1
1 伸ばさず返し縫い

③袖と後ろ身頃を中表に合わせて縫う
0.5
袖（裏）
後ろ身頃（表）

前身頃（裏）
0.5
袖（裏）
⑤前身頃側も同様に縫う
④縫い代を身頃側へ倒す
後ろ身頃（裏）
※反対側も同様に縫う

2. 胸のギャザーを縫う

①ゴムテープ（5cm分）をつける
※つけ方はP.32を参照

袖（裏）　　　　袖（裏）
2.8　前中心
前身頃（裏）
1 伸ばさず返し縫い
1 伸ばさず返し縫い
余分をカット
伸ばしながら縫う

3. えりぐりを縫う
（P.36の2を参照）

4. 袖下・脇を縫う
（P.37の3を参照）
※脇の縫い代は割る

5. 裾にフリルをつける

ギャザーどまり
①折って縫う
0.3　0.5
フリル（裏）
ギャザーどまり
1
②ギャザーミシンをかける
0.5　1.5　1

前身頃（表）
袖（表）　　　　袖（表）
フリル（裏）
0.8
③裾のつけ寸法までギャザーを寄せ、フリルを身頃の裾と中表に合わせて縫う

66

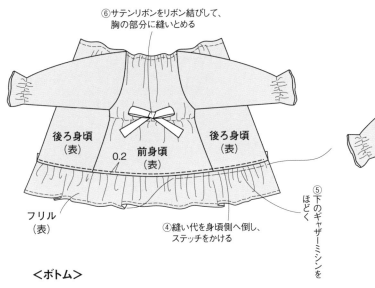

⑥サテンリボンをリボン結びして、
胸の部分に縫いとめる

後ろ身頃（表）　前身頃（表）　後ろ身頃（表）

0.2

フリル（表）

④縫い代を身頃側へ倒し、
ステッチをかける

⑤下のギャザーミシンをほどく

6. 面ファスナーをつける

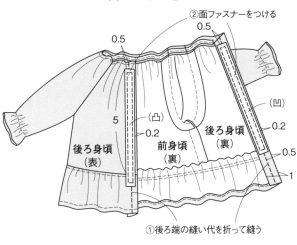

②面ファスナーをつける

0.5　0.5

5

後ろ身頃（表）　（凸）　前身頃（裏）　（凹）後ろ身頃（裏）

0.2　0.2

0.5

1

①後ろ端の縫い代を折って縫う

<ボトム>

1. 股上を縫う

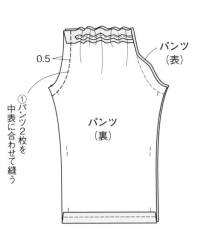

0.5

パンツ（表）

パンツ（裏）

①パンツ2枚を中表に合わせて縫う

2. ウエスト・裾を縫う

②縫い代を折る　1.5

①股上の縫い代を片方に倒す

パンツ（裏）　パンツ（裏）

1　1

0.5　0.5

③裾の縫い代を折り、縫う

→

④ゴムテープ（8cm分）をつける
※つけ方はP.32を参照

余分をカット

1　1
0.5

伸ばさず返し縫い　伸ばさず返し縫い

パンツ（裏）　パンツ（裏）

3. もう片方の股上を縫う

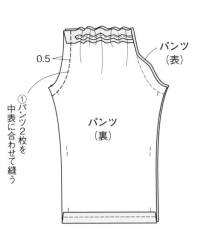

0.5

パンツ（表）

パンツ（裏）

①パンツ2枚を中表に合わせて縫う

4. 股下を縫う

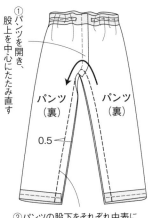

①パンツを開き、股上を中心にたたみ直す

パンツ（裏）　パンツ（裏）

0.5

②パンツの股下をそれぞれ中表に合わせて左右続けて縫う

できあがり

◇材料
　本体用布…綿　横10×縦15cm
　底・持ち手用布…綿　横20×縦15cm

◇必要なパーツ
＊型紙はありません。
記載の寸法図（縫い代込み）で裁ってください。
持ち手…2枚（左記の寸法図参照）
本体…2枚（左記の寸法図参照）
底…1枚（左記の寸法図参照）

【寸法図】

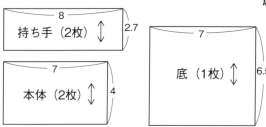

持ち手（2枚）　8　2.7
本体（2枚）　7　4
底（1枚）　7　6.5

1. 持ち手を作る

四つ折りにして縫う
0.2
持ち手（表）
※もう1枚も同様に縫う

2. 本体と底を縫う

①本体、底を中表に合わせて縫う
0.5
本体（裏）
底（表）

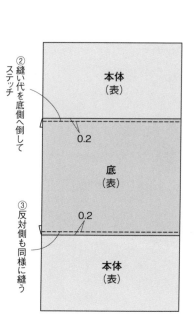

②縫い代を底側へ倒してステッチ
本体（表）
0.2
底（表）
③反対側も同様に縫う
0.2
本体（表）

3. 持ち手をつける

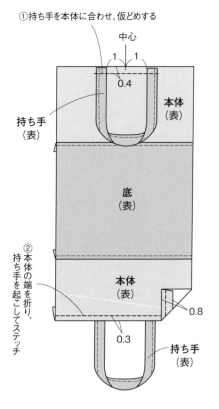

①持ち手を本体に合わせ、仮どめする
中心
1　1
0.4
持ち手（表）
本体（表）
底（表）
②本体の端を折り、持ち手を起こしてステッチ
本体（表）
0.8
0.3
持ち手（表）

4. 脇・まちを縫う

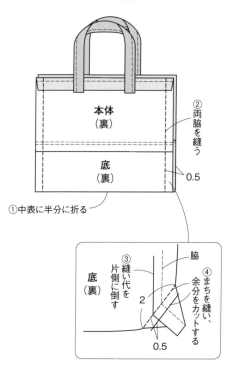

本体（裏）
②両脇を縫う
底（裏）
0.5
①中表に半分に折る

③縫い代を片側に倒す
脇
④まちを縫い、余分をカットする
底（裏）
2
0.5

できあがり

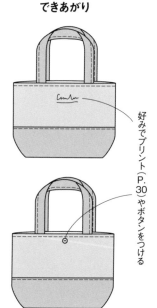

好みでプリント（P.30）やボタンをつける

A-1 チェーンバッグ 〈S・M〉 Photo…P5・6・9・14

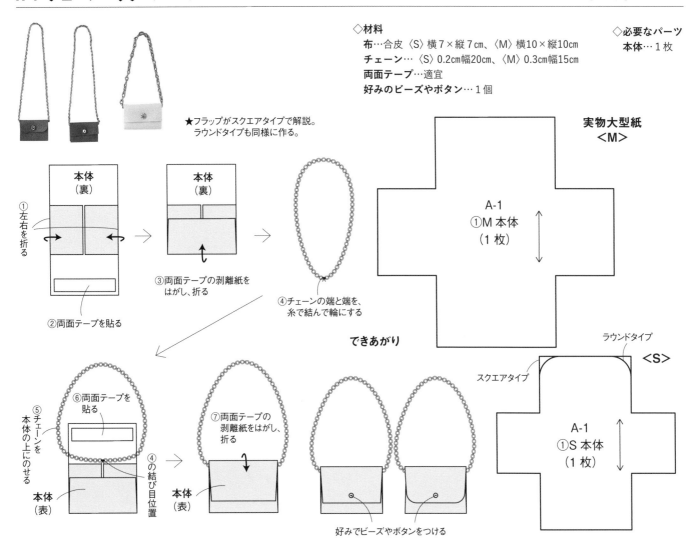

◇材料
布…合皮 〈S〉横7×縦7cm、〈M〉横10×縦10cm
チェーン…〈S〉0.2cm幅20cm、〈M〉0.3cm幅15cm
両面テープ…適宜
好みのビーズやボタン…1個

◇必要なパーツ
本体…1枚

★フラップがスクエアタイプで解説。
ラウンドタイプも同様に作る。

①左右を折る
本体（裏）
②両面テープを貼る
③両面テープの剥離紙をはがし、折る
④チェーンの端と端を、糸で結んで輪にする
できあがり

⑤チェーンを本体の上にのせる
⑥両面テープを貼る
④の結び目位置
本体（表）
⑦両面テープの剥離紙をはがし、折る
本体（表）
好みでビーズやボタンをつける

実物大型紙〈M〉
A-1 ①M 本体（1枚）

ラウンドタイプ
スクエアタイプ
〈S〉
A-1 ①S 本体（1枚）

A-3 ソックス Photo…P.8

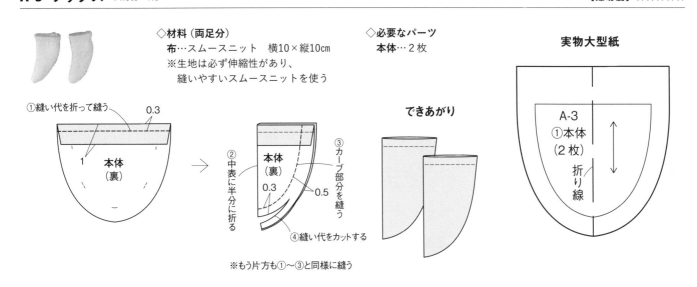

◇材料（両足分）
布…スムースニット　横10×縦10cm
※生地は必ず伸縮性があり、
　縫いやすいスムースニットを使う

◇必要なパーツ
本体…2枚

実物大型紙

①縫い代を折って縫う
0.3
1
本体（裏）

②中表に半分に折る
本体（裏）
0.3
③カーブ部分を縫う
0.5
④縫い代をカットする

※もう片方も①〜③と同様に縫う

できあがり

A-3 ①本体（2枚）
折り線

YouTube
作り方動画つき

◇材料
布…綿　横60×縦40cm
面ファスナー…幅0.8×5cm
ゴムテープ（4コール）…10cm

◇必要なパーツ（型紙P.86）
S-1・S-2①スカート…1枚
S-1②身頃…1枚
S-1③見返し…1枚
S-1④袖…左右対称2枚

1. 身頃のダーツを縫う

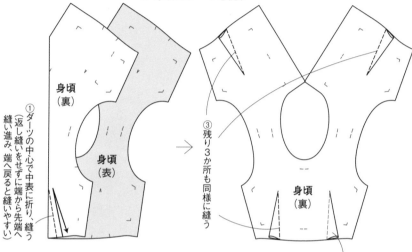

身頃（裏）

①ダーツの中心で中表に折り、縫う（返し縫いをせずに端から先端へ縫い進み、端へ戻ると縫いやすい）

身頃（表）

③残り3か所も同様に縫う

身頃（裏）

②縫い代を脇側へ倒す

2. えりぐりを縫う

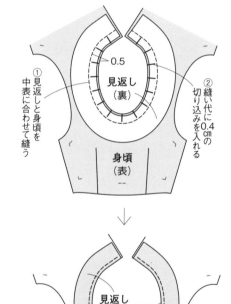

①見返しと身頃を中表に合わせて縫う

0.5

見返し（裏）

②縫い代に0.4cmの切り込みを入れる

身頃（表）

見返し（表）　0.2

③見返しを表に返し、ステッチをかける

身頃（裏）

3. 袖をつける

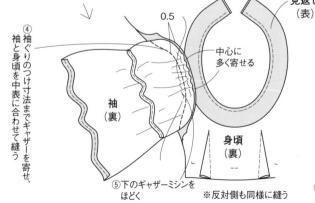

②ギャザーミシンをかける
約2.5　0.3　0.8　約2.5
ギャザーどまり
余分をカット
1　伸ばさず返し縫い
1　伸ばさず返し縫い
袖（裏）
2.5
①縫い代を折って縫う
0.5　0.3
③ゴムテープ（5cm分）をつける
※つけ方はP.32を参照

0.5

見返し（表）

中心に多く寄せる

④袖ぐりのつけ寸法までギャザーを寄せ、袖と身頃を中表に合わせて縫う

袖（裏）

身頃（裏）

⑤下のギャザーミシンをほどく

※反対側も同様に縫う

4. 袖下・脇を縫う

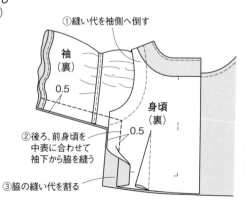

①縫い代を袖側へ倒す

袖（裏）
0.5

身頃（裏）
0.5

②後ろ、前身頃を中表に合わせて袖下から脇を縫う

③脇の縫い代を割る

※反対側も同様に縫う

5. スカートを縫う

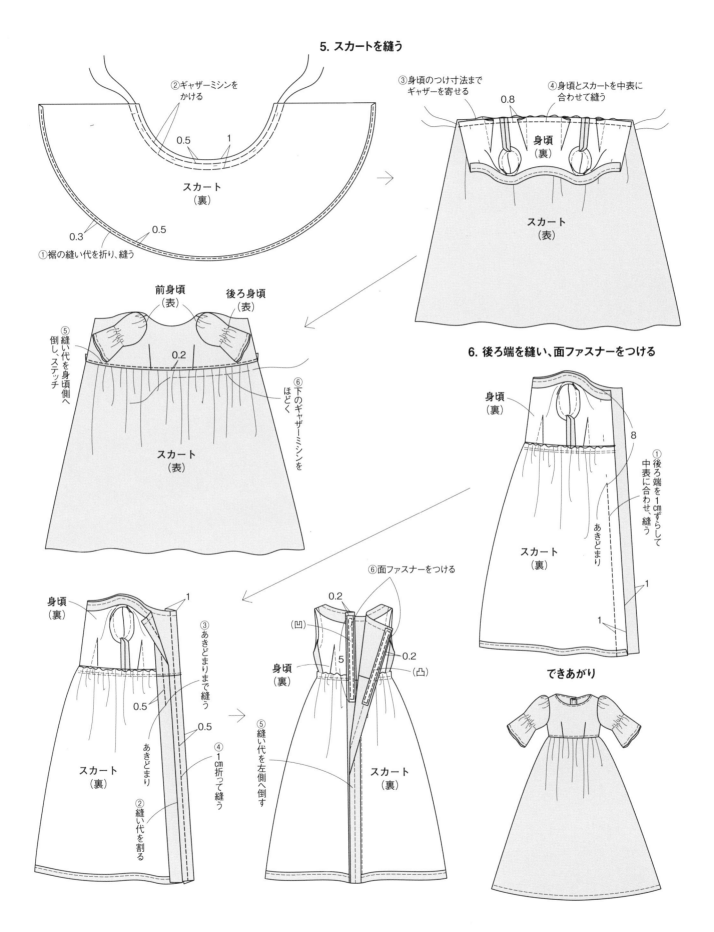

②ギャザーミシンをかける

0.5　1

スカート（裏）

0.3　0.5

①裾の縫い代を折り、縫う

③身頃のつけ寸法までギャザーを寄せる

0.8

④身頃とスカートを中表に合わせて縫う

身頃（裏）

スカート（表）

前身頃（表）　後ろ身頃（表）

⑤縫い代を身頃側へ倒し、ステッチ

0.2

⑥下のギャザーミシンをほどく

スカート（表）

6. 後ろ端を縫い、面ファスナーをつける

身頃（裏）

8

①後ろ端を1cmずらして中表に合わせ、縫う

あきどまり

スカート（裏）

1

1

身頃（裏）

1

③あきどまりまで縫う

あきどまり

0.5

0.5

④1cm折って縫う

②縫い代を割る

スカート（裏）

⑥面ファスナーをつける

0.2

（凹）

身頃（裏）

5

0.2

（凸）

⑤縫い代を左側へ倒す

スカート（裏）

できあがり

71

◇材料
布…サテン　横60×縦30cm
面ファスナー…幅0.8× 8 cm
3mm幅サテンリボン…35cm
※サテン生地にアイロンを当てるときは
　低温で当てる。

◇必要なパーツ（型紙P.86）
S-1・S-2①スカート…1枚
S-2②身頃…1枚
S-2③見返し…1枚

1. 身頃のダーツを縫う

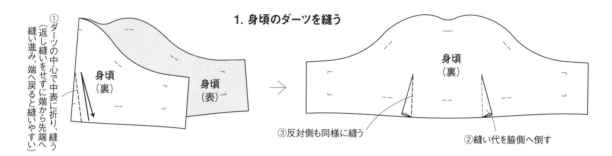

①ダーツの中心で中表に折り、縫う（返し縫いをせずに端から先端へ縫い進み、端へ戻ると縫いやすい）

身頃（裏）

身頃（表）

身頃（裏）

③反対側も同様に縫う

②縫い代を脇側へ倒す

2. えりぐりを縫う

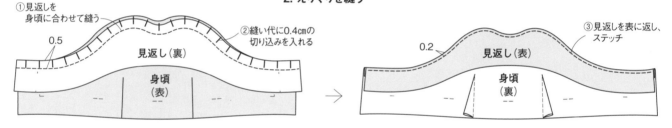

①見返しを身頃に合わせて縫う

0.5

②縫い代に0.4cmの切り込みを入れる

見返し（裏）

身頃（表）

③見返しを表に返し、ステッチ

0.2

見返し（表）

身頃（裏）

3. スカートを縫う

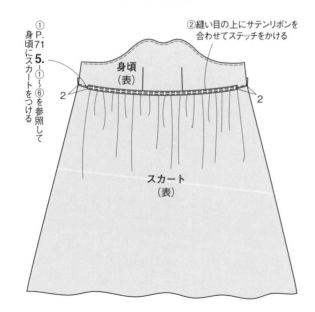

①P.71 **5.**−①〜⑥を参照して身頃にスカートをつける

②縫い目の上にサテンリボンを合わせてステッチをかける

身頃（表）

2

2

スカート（表）

4. 後ろ端を縫い、面ファスナーをつける（P.71の6を参照）

できあがり

サテンリボンをリボン結びにし、ウエスト位置に縫いとめる

◇**材料〈共通〉**
表布…綿　横60×縦30cm
帯用布…綿　横40×縦15cm
面ファスナー…幅2×2cm
手芸わた…適宜

〈**着物のみ**〉
0.3cm幅江戸うちひも…15cm
半えり用布…綿　横15×縦5cm

◇**必要なパーツ**（型紙P.87）
＊えり・帯・帯リボン・帯リボンどめ・
　半えり（着物のみ）の型紙はありません。
　記載の寸法図（縫い代込み）で裁ってください。
S-3①後ろ身頃…1枚
S-3②前身頃…左右対称2枚
S-3③袖…左右対称2枚
えり…1枚（左記の寸法図参照）
帯…1枚（下記の寸法図参照）
帯リボン…1枚（下記の寸法図参照）
帯リボンどめ…1枚（下記の寸法図参照）
半えり（着物のみ）…1枚（下記の寸法図参照）

【**寸法図**】

1. 肩を縫い、前端を縫う

2. えりを縫う

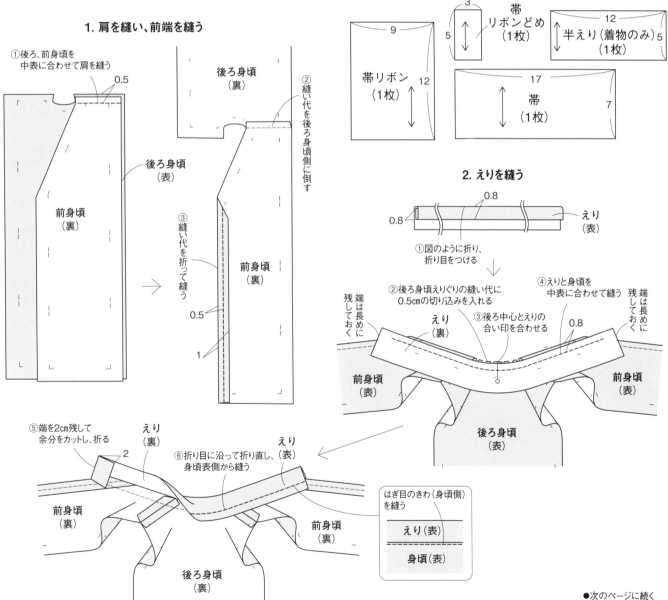

●次のページに続く

3. 袖を縫う

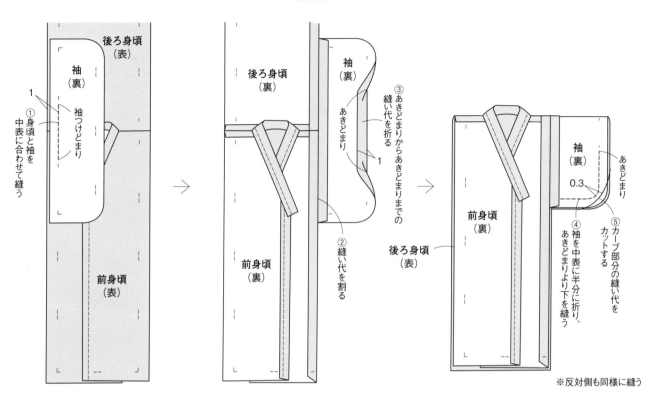

① 身頃と袖を中表に合わせて縫う

袖つけどまり

袖（裏）

後ろ身頃（表）

1

② 縫い代を割る

後ろ身頃（裏）

前身頃（裏）

袖（裏）

あきどまり

③ あきどまりからあきどまりまでの縫い代を折る

1

前身頃（裏）

後ろ身頃（表）

袖（裏）

あきどまり

0.3

④ 袖を中表に半分に折り、あきどまりより下を縫う

⑤ カーブ部分の縫い代をカットする

※反対側も同様に縫う

4. 脇を縫う

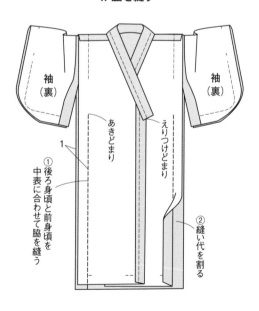

袖（裏）

袖（裏）

あきどまり

えりつけどまり

1

① 後ろ身頃と前身頃を中表に合わせて脇を縫う

② 縫い代を割る

5. 腰あげ・裾を縫う

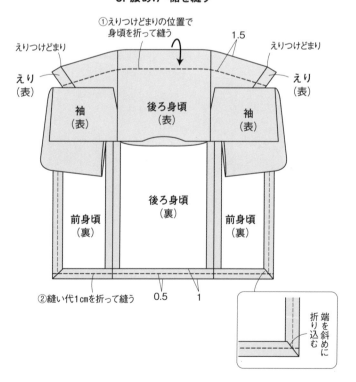

① えりつけどまりの位置で身頃を折って縫う

えりつけどまり

えり（表）

1.5

えりつけどまり

えり（表）

袖（表）

後ろ身頃（表）

袖（表）

前身頃（裏）

後ろ身頃（裏）

前身頃（裏）

② 縫い代1cmを折って縫う

0.5

1

端を斜めに折り込む

6. 帯を作る

★しっかりさせたい場合はクリアファイルを入れるといい（⑤参照）。

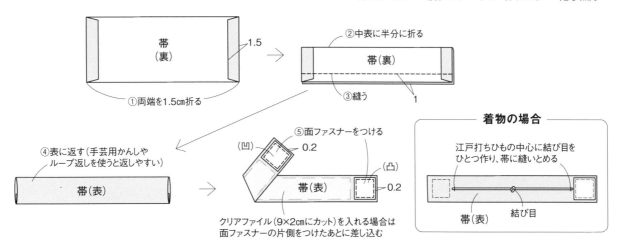

帯
（裏）

1.5

①両端を1.5cm折る

②中表に半分に折る

帯（裏）

③縫う

1

④表に返す（手芸用かんしや
ループ返しを使うと返しやすい）

帯（表）

⑤面ファスナーをつける

（凹）　0.2

帯（表）

（凸）

0.2

クリアファイル（9×2cmにカット）を入れる場合は
面ファスナーの片側をつけたあとに差し込む

着物の場合

江戸打ちひもの中心に結び目を
ひとつ作り、帯に縫いとめる

帯（表）　結び目

7. 帯リボンを作る

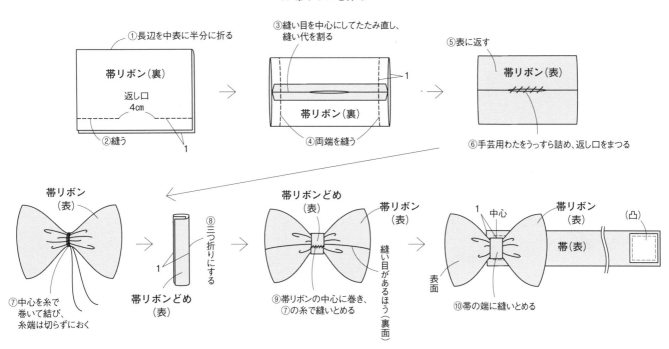

①長辺を中表に半分に折る

帯リボン（裏）

返し口
4cm

②縫う

1

③縫い目を中心にしてたたみ直し、
縫い代を割る

1

帯リボン（裏）

④両端を縫う

⑤表に返す

帯リボン（表）

⑥手芸用わたをうっすら詰め、返し口をまつる

帯リボン
（表）

⑦中心を糸で
巻いて結び、
糸端は切らずにおく

帯リボンどめ
（表）

1

⑧三つ折りにする

帯リボンどめ
（表）

帯リボン
（表）

⑨帯リボンの中心に巻き、
⑦の糸で縫いとめる

縫い目があるほう（裏面）

1　中心

帯リボン
（表）

表面

帯（表）

（凸）

⑩帯の端に縫いとめる

8. 半えりを作る（着物の場合のみ）

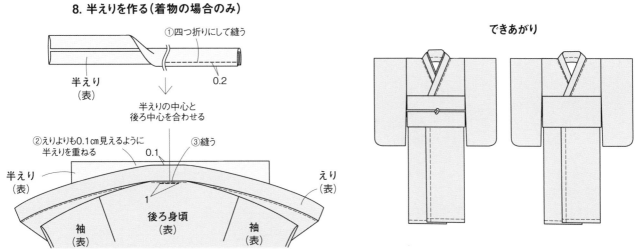

①四つ折りにして縫う

半えり
（表）

0.2

半えりの中心と
後ろ中心を合わせる

②えりよりも0.1cm見えるように
半えりを重ねる

0.1

③縫う

半えり
（表）

1

えり
（表）

袖
（表）

後ろ身頃
（表）

袖
（表）

できあがり

縫い代つきの実物大型紙

T-1　長袖カットソー
T-2　半袖Tシャツ
T-3　タートルネックカットソー
T-5　ふんわり袖ブラウス・ふんわり袖ワンピース
T-10　ラグラントレーナー

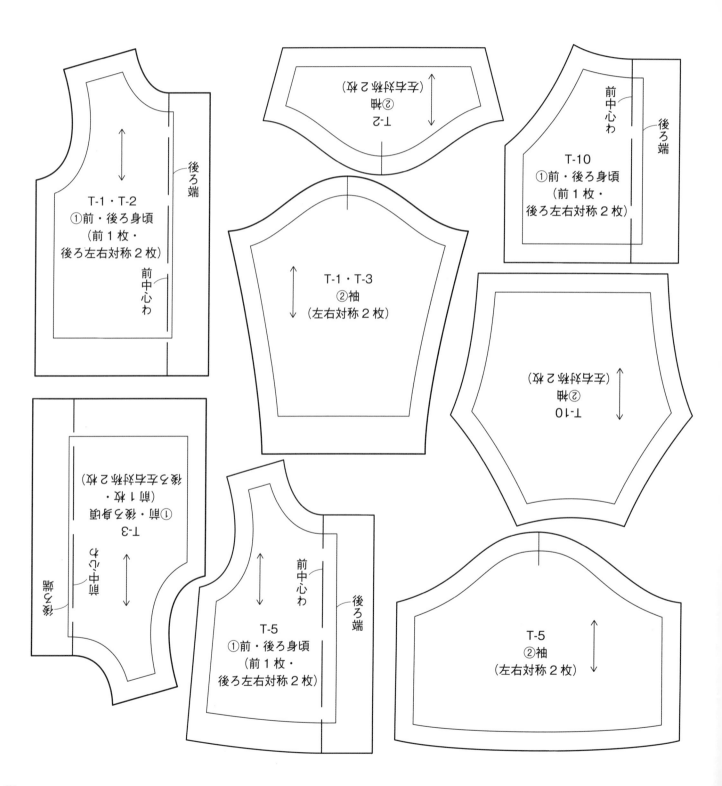

T-1・T-2
①前・後ろ身頃
（前1枚・後ろ左右対称2枚）
前中心わ
後ろ端

T-2
②袖
（左右対称2枚）

T-1・T-3
②袖
（左右対称2枚）

T-10
①前・後ろ身頃
（前1枚・後ろ左右対称2枚）
前中心わ
後ろ端

T-10
②袖
（左右対称2枚）

T-3
①前・後ろ身頃
（前1枚・後ろ左右対称2枚）
前中心わ
後ろ端

T-5
①前・後ろ身頃
（前1枚・後ろ左右対称2枚）
前中心わ
後ろ端

T-5
②袖
（左右対称2枚）

76

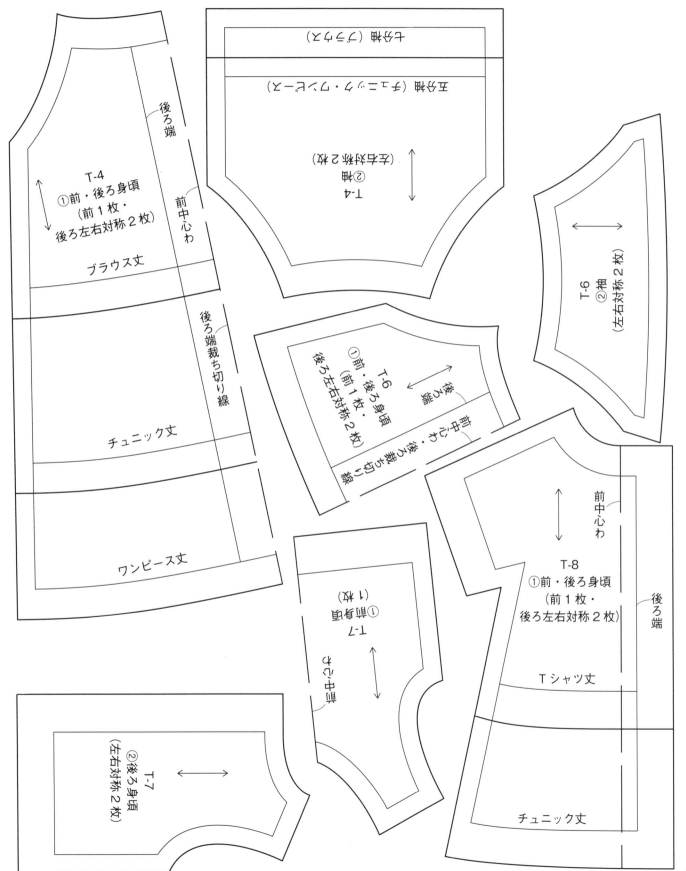

T-4
①前・後ろ身頃
（前1枚・
後ろ左右対称2枚）

後ろ端

前中心わ

ブラウス丈

後ろ端裁ち切り線

チュニック丈

ワンピース丈

七分袖（ブラウス）

五分袖（チュニック・ワンピース）

T-4
②袖
（左右対称2枚）

T-6
②袖
（左右対称2枚）

T-6
①前・後ろ身頃
（前1枚・
後ろ左右対称2枚）

後ろ端

前中心わ・後ろ裁ち切り線

T-8
①前・後ろ身頃
（前1枚・
後ろ左右対称2枚）

前中心わ

後ろ端

Tシャツ丈

チュニック丈

T-7
①前身頃
（1枚）

前中心わ

T-7
②後ろ身頃
（左右対称2枚）

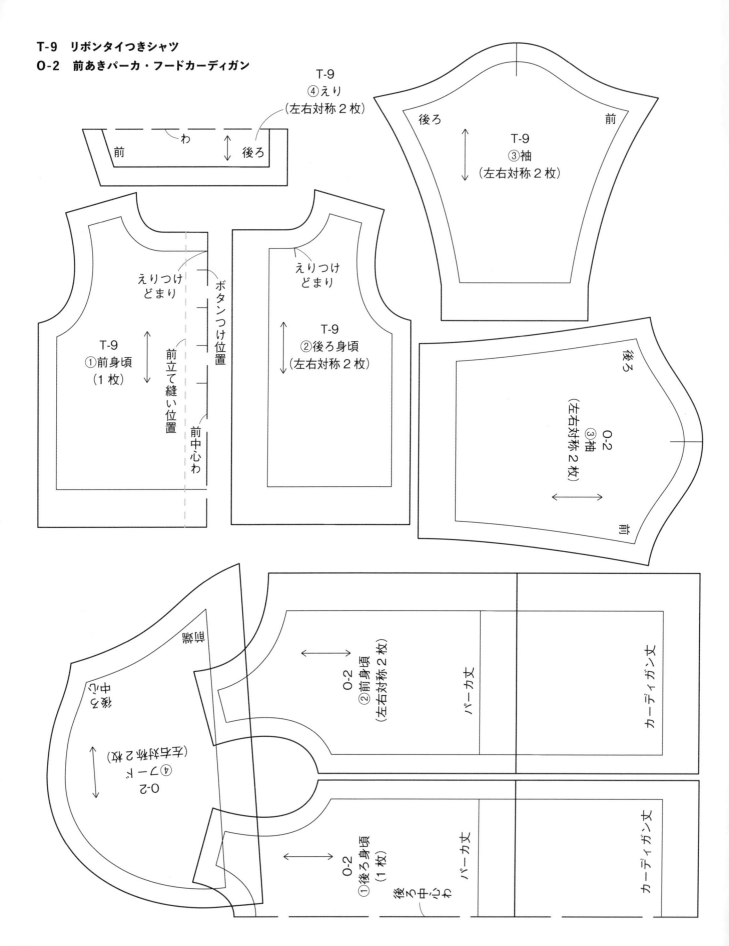

T-9
④えり
（左右対称2枚）

わ　　前　　　後ろ

後ろ　　　　前
T-9
③袖
（左右対称2枚）

えりつけ
どまり

ボタンつけ位置

T-9
①前身頃
（1枚）

前立て縫い位置

前中心わ

えりつけ
どまり

T-9
②後ろ身頃
（左右対称2枚）

後ろ
O-2
③袖
（左右対称2枚）
前

O-2
④フード
（左右対称2枚）

後ろ中心わ

O-2
②前身頃
（左右対称2枚）

パーカ丈

カーディガン丈

O-2
①後ろ身頃
（1枚）

後ろ中心わ

パーカ丈

カーディガン丈

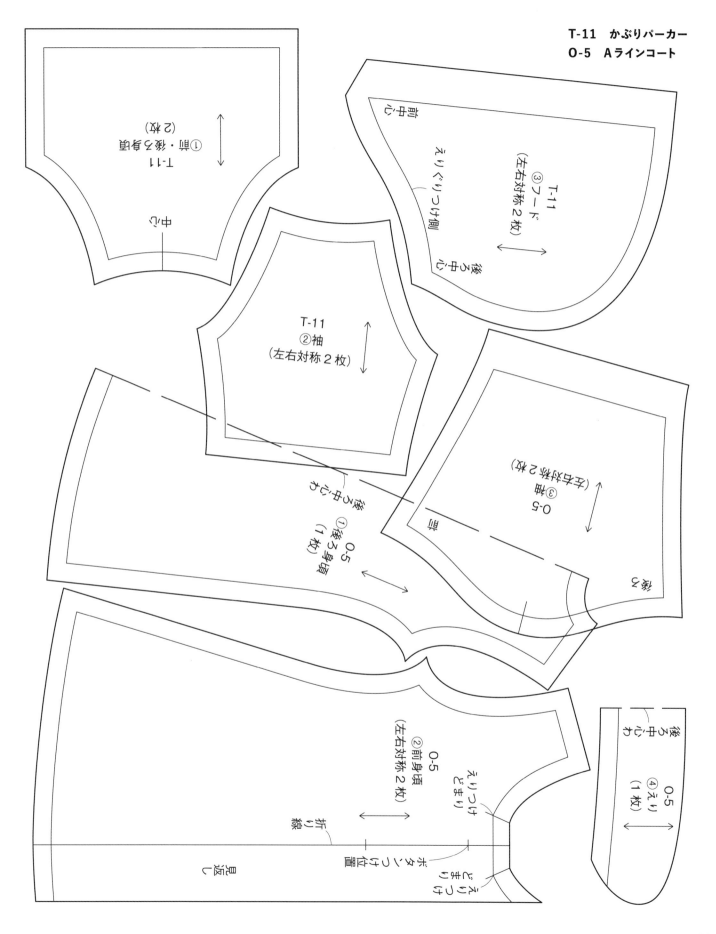

T-11
①袖・後ろ身頃
（2枚）
中心

T-11
③フード
（左右対称2枚）
前中心
えりつけ側
後ろ中心

T-11
②袖
（左右対称2枚）

O-5
③袖
（左右対称2枚）
前
後ろ

O-5
①後ろ身頃
（1枚）
後ろ中心わ

O-5
②前身頃
（左右対称2枚）
えりつけどまり
ボタンつけ位置
えりつけ位置
ボタンつけ
えりつけどまり
折り線
見返し

O-5
④えり
（1枚）
後ろ中心わ

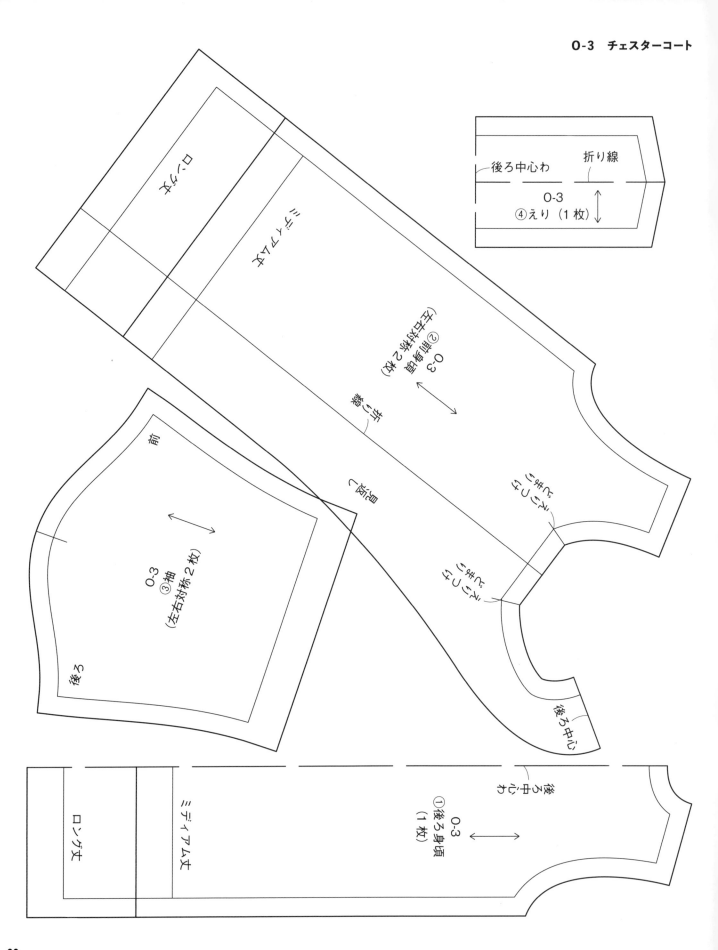

O-1　カーディガン
O-4　Gジャン

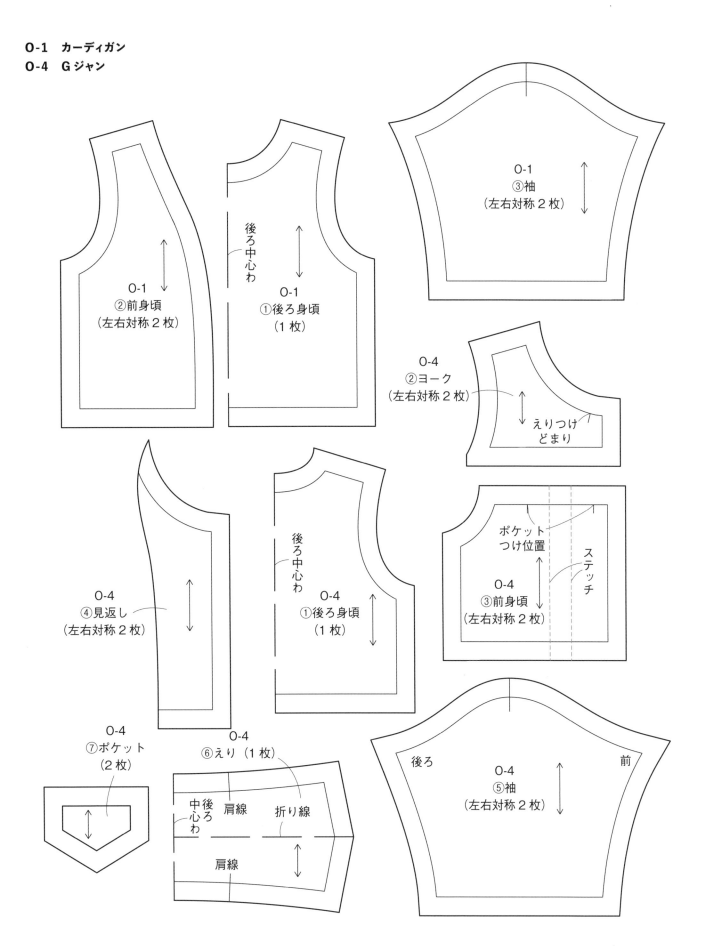

O-1
③袖
（左右対称２枚）

O-1
②前身頃
（左右対称２枚）

後ろ中心わ

O-1
①後ろ身頃
（１枚）

O-4
②ヨーク
（左右対称２枚）

えりつけ
どまり

O-4
④見返し
（左右対称２枚）

後ろ中心わ

O-4
①後ろ身頃
（１枚）

ポケット
つけ位置

ステッチ

O-4
③前身頃
（左右対称２枚）

O-4
⑦ポケット
（２枚）

O-4
⑥えり（１枚）

中心わ
後ろ
肩線
折り線
肩線

後ろ

O-4
⑤袖
（左右対称２枚）

前

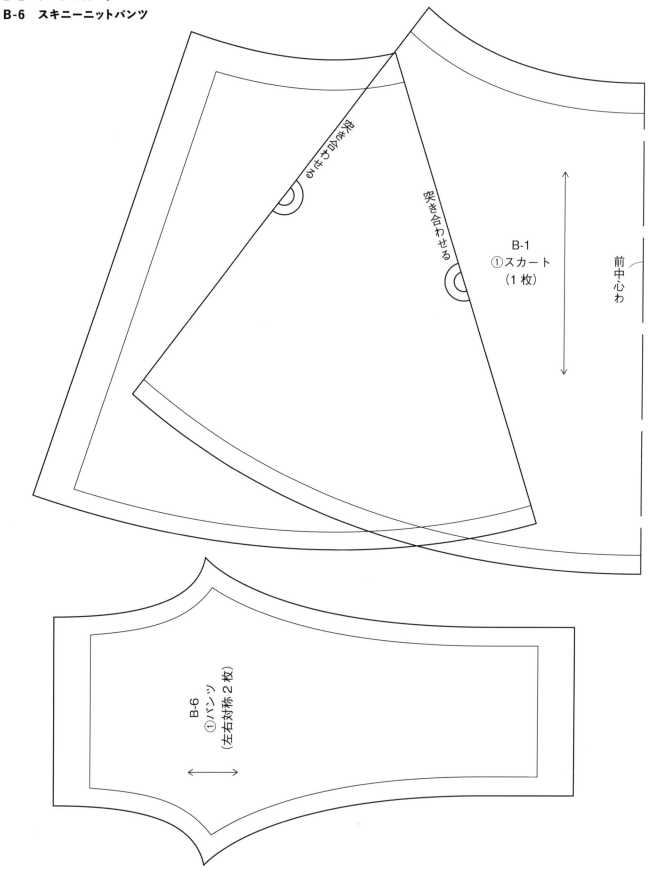

B-1
①スカート
（1枚）

前中心わ

突き合わせる

突き合わせる

B-6
①パンツ
（左右対称2枚）

B-3　デニムパンツ・ロールアップデニムパンツ
B-4　スリムパンツ
B-5　ワイドパンツ・クロップドパンツ・ショートパンツ

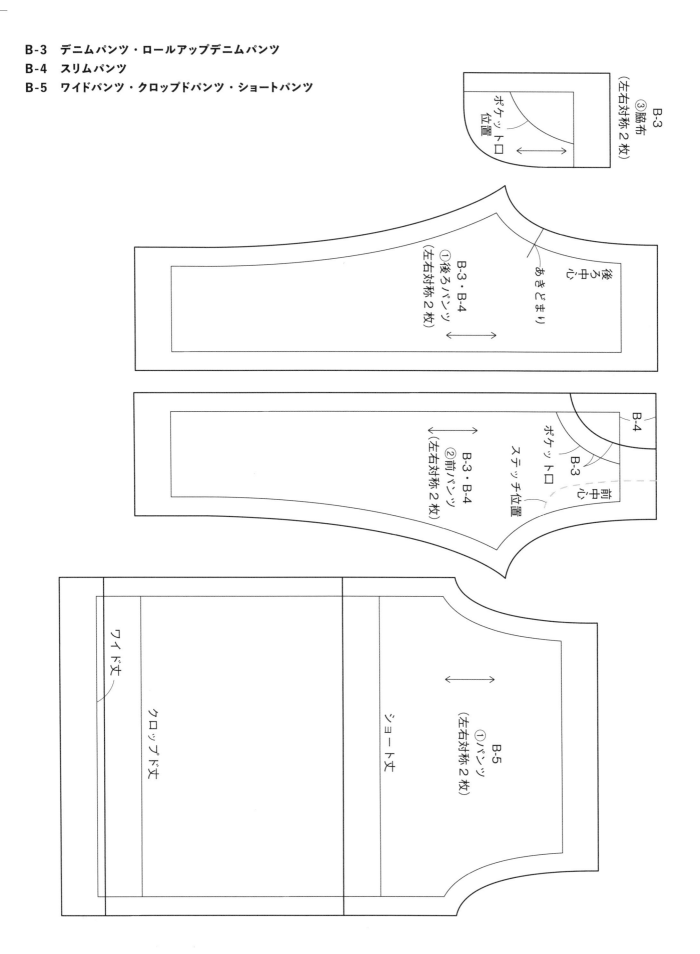

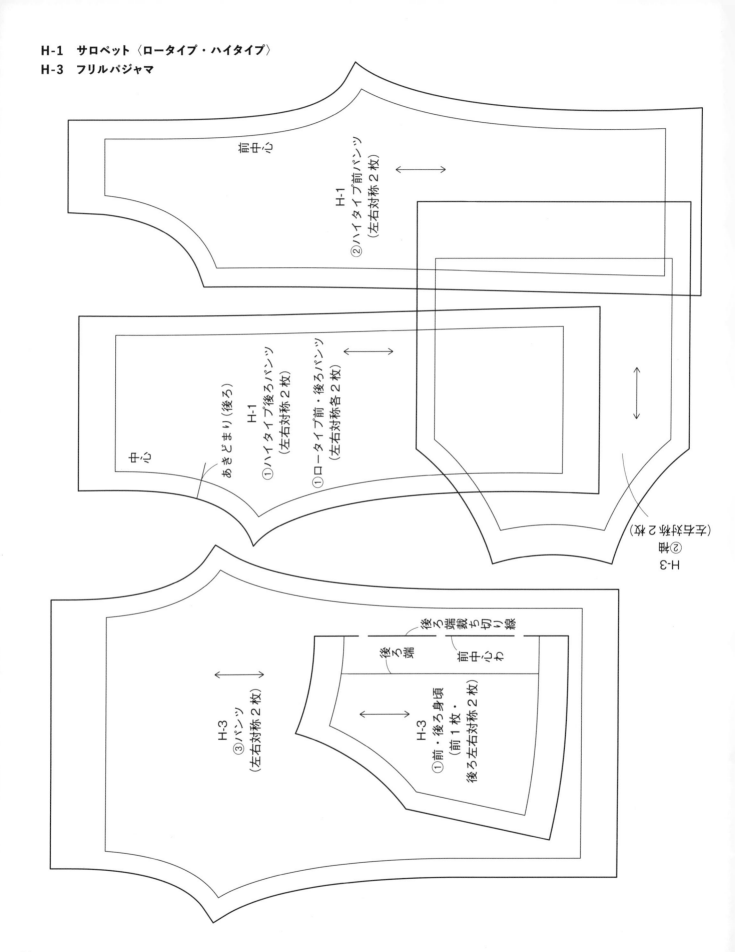

H-1
②ハイタイプ前パンツ
（左右対称 2 枚）

前中心

H-1
①ハイタイプ後ろパンツ
（左右対称 2 枚）
①ロータイプ前・後ろパンツ
（左右対称各 2 枚）

あきどまり（後ろ）

中心

H-3
②袖
（左右対称 2 枚）

後ろ端裁ち切り線

後ろ端

前中心わ

H-3
③パンツ
（左右対称 2 枚）

H-3
①前・後ろ身頃
（前 1 枚・
後ろ左右対称 2 枚）

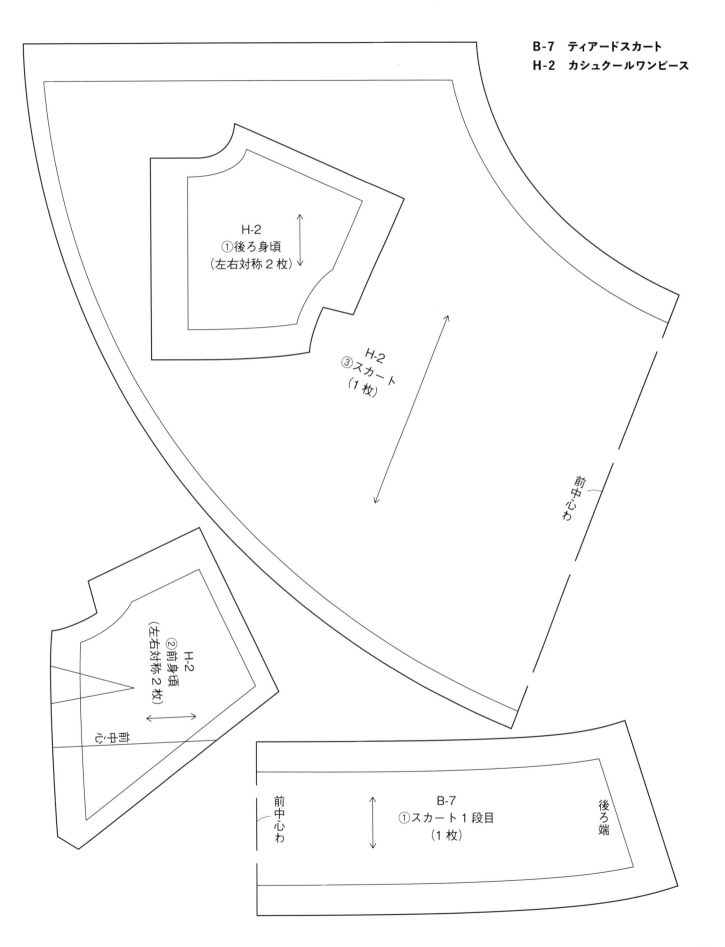

H-2
①後ろ身頃
（左右対称2枚）

H-2
③スカート
（1枚）

前中心わ

H-2
②前身頃
（左右対称2枚）

前中心

前中心わ

B-7
①スカート1段目
（1枚）

後ろ端

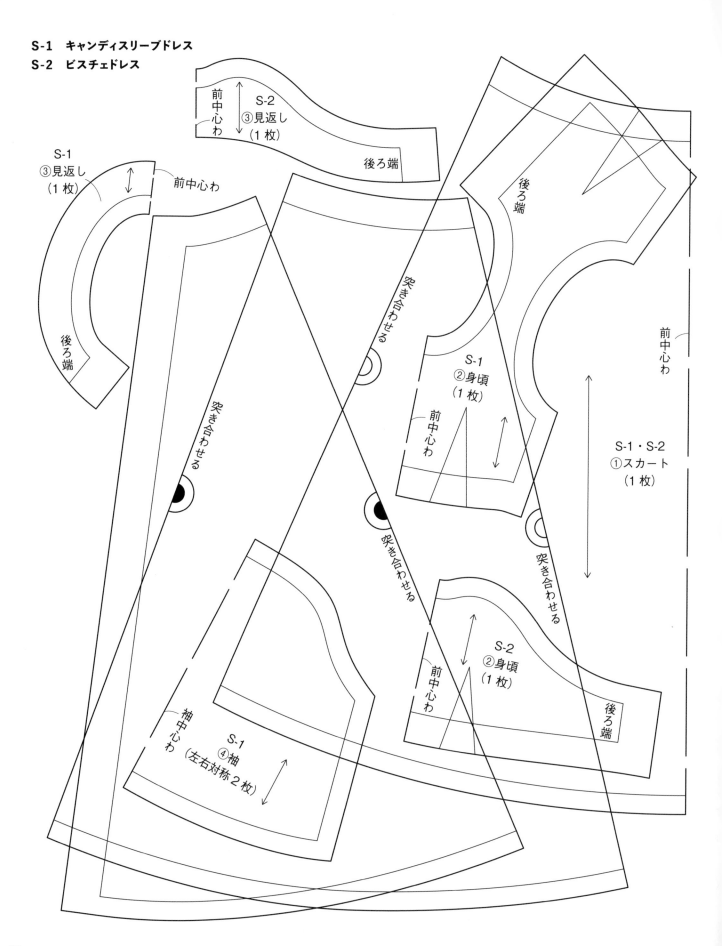

S-2
③見返し
（1枚）

前中心わ

後ろ端

S-1
③見返し
（1枚）

前中心わ

後ろ端

後ろ端

前中心わ

突き合わせる

突き合わせる

突き合わせる

突き合わせる

S-1
②身頃
（1枚）

前中心わ

S-1・S-2
①スカート
（1枚）

S-2
②身頃
（1枚）

前中心わ

後ろ端

S-1
④袖
（左右対称2枚）

袖中心わ

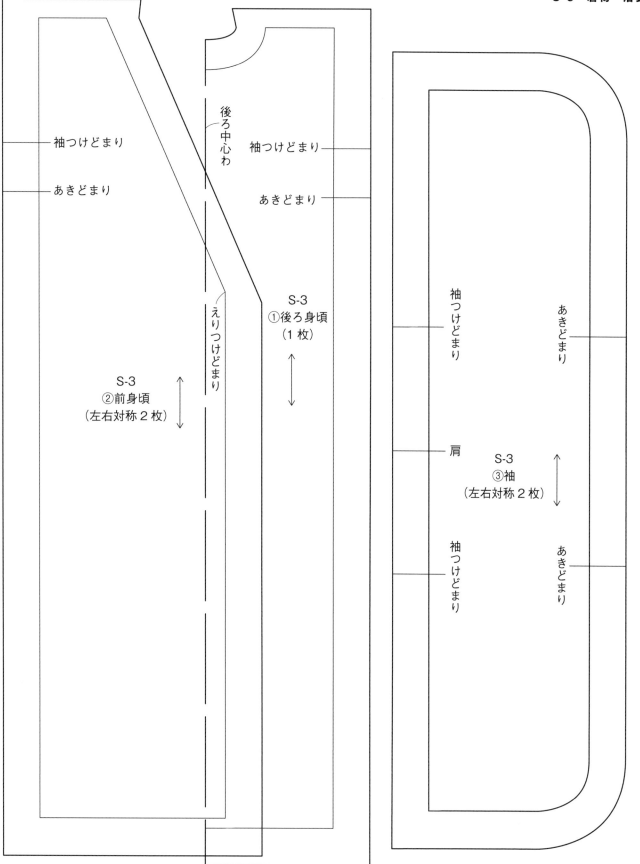

袖つけどまり

あきどまり

後ろ中心わ

袖つけどまり

あきどまり

S-3
①後ろ身頃
（1枚）

えりつけどまり

S-3
②前身頃
（左右対称2枚）

袖つけどまり

あきどまり

肩

S-3
③袖
（左右対称2枚）

袖つけどまり

あきどまり

けーことん 山本清野

ドール服の型紙作家。さまざまなドールのサイズに合わせた洋服や小物をデザインし、販売している。簡単に作れて使い勝手のいいバッグや小物なども製作して雑誌などで発表するほか、作り方をYouTubeでも配信。ていねいで分かりやすい解説で人気を博し、YouTubeチャンネル登録者数は32万人に達している。著書に『はじめてでもかんたんに作れる　通園通学バッグと小物』（マイナビ出版）。

Instagram
@kcoton

YouTube チャンネル
けーことん

STAFF

ブックデザイン／静谷美佐樹（Shizuya*Graphic Design）
撮影／落合里美　有馬貴子（本社写真編集室）
スタイリング／南雲久美子
作り方解説・型紙トレース／並木 愛
校閲／滄流社
編集／山地 翠

商用OK!
22cmドールサイズの着せかえ服

著　者　山本清野
編集人　石田由美
発行人　殿塚郁夫
発行所　株式会社主婦と生活社
　　　　〒104-8357　東京都中央区京橋 3-5-7
　　　　編集部　☎ 03-3563-5361　FAX 03-3563-0528
　　　　販売部　☎ 03-3563-5121
　　　　生産部　☎ 03-3563-5125
　　　　https://www.shufu.co.jp/

製版所　東京カラーフォト・プロセス株式会社
印刷所　TOPPANクロレ株式会社
製本所　株式会社若林製本工場

ISBN978-4-391-16003-1
©KIYONO YAMAMOTO 2023 Printed in Japan

用具協力

クロバー株式会社
https://clover.co.jp
☎ 06-6978-2277（お客様係）

撮影協力

DAISO
https://www.daiso-sangyo.co.jp/
〈ドール〉
P.14・15・20・21／
着せ替えフレンドエリーちゃんお人形（ピンク）
〈シューズ〉
P.28／シューズ＆バッグセット（草履）

株式会社ペットワークス
http://www.petworks.co.jp
〈ドール〉
P.5・26／ Fresh ruruko 2005
P.27／日曜日の ruruko
P.11・28／海水浴の ruruko pk
〈シューズ〉
P.8・11／
［CCS シューズ］クラシカルストラップシューズ（ネイビー）
P.12（レッド）・P.13（マットブラック）／
［CCS シューズ］ローテクスニーカー
P.14（ブラック）・P.18（ホワイト）・P.21（ブラウン）／
［CCS シューズ］リラックスサンダル
P.15／［CCS シューズ］ワラビー（ベージュ×ホワイト）

ruruko™ ©PetWORKs Co., Ltd.